Radwandern für Bierliebhaber

-

Franken

In cervisio felicitas

Dank an alle Brauer/-innen Frankens

Ihr seid die Besten

Wieland Achenbach

Radwandern
für
Bierliebhaber
-
Franken

Mit dem Rad in der Fränkischen Schweiz, im Steigerwald, im Main- und Taubertal, den Hassbergen, im Nürnberger Land, im Karpfenland an der Aisch und um Weißenburg und Dinkelsbühl

Unterwegs

In Gedenken an Antonio und Peter. Ihr fahrt immer mit uns.

Bibliografische Information der Deutschen Nationalbibliothek:
Die Deutsche Nationalbibliothek verzeichnet diese Publikation in der Deutschen Nationalbibliografie; detaillierte bibliografische Daten sind im Internet über http://dnb.dnb.de abrufbar.

Herstellung und Verlag: BoD – Books on Demand, Norderstedt
ISBN: 9-783750-435438

3. Aufl. 2020
Aktualisiert, und um teilweise neue Touren und geografisch erweitert

Allen Mitfahrern sei für ihre Freundschaft und für das eine oder andere Bild gedankt.

Der Autor gibt persönliche Eindrücke und Einschätzungen wieder, die sich von denen anderer Personen unterscheiden können. Insofern geht es zuweilen auch um geschmackliche Unterschiede, um subjektive bzw. intersubjektive, nicht um objektive Wahrheit. Eine Herabsetzung Einzelner Personen oder Fahrtziele – auch durch Erhöhung anderer - ist nicht beabsichtigt. Fehler in der Darstellung (z.B. über Wege oder Inhaltliches zu den Brauereien) und Veränderungen im Zeitablauf (das Beschriebene erstreckt sich über einen Zeitraum von 9 Jahren) sind nicht komplett auszuschließen und liegen in der Verantwortung des Autors. Bitte teilen Sie mir Fehler oder aktuelle Veränderungen mit; ich korrigiere dies - so es eine neue Aufl. geben wird – gerne.

Inhaltsverzeichnis

A. Radfahren in Franken rund um Bamberg, Würzburg, Weißenburg und Nürnberg

Franken ist eine einmalige Kulturlandschaft. Kurz vor Bamberg werden Sie – noch auf der A73 mit dem Auto auf der Anreise - mit den Schildern begrüßt: „Bamberg Weltkulturerbe" und „Oberfranken-Land der Brauereien". Und tatsächlich einmalig, nirgendwo auf der Welt begegnet man einer solchen Biervielfalt wie in diesem Teil von Bayern. Rund 300 Brauereien gibt's in Franken, ca. 160, viele kleine, haben alleine in Oberfranken – auch Bierfranken genannt - ihre Heimat, davon alleine im Landkreis Bamberg und den unmittelbar angrenzenden Landkreisen Forchheim, Lichtenfels und Bayreuth rund 120. Erfreulicherweise ist das „Brauereisterben" der 80- und 90-er Jahre fast zum Stillstand gekommen. Mittlerweile gibt es im neuen Millenium in nennenswertem Umfang wieder Neugründungen, die Stilllegungen mangels Nachfolge fast ausgleichen. Für viele zu nennen wäre etwa der Nikl-Bräu in Pretzfeld oder Binkert in Breitengüßbach. In ganz Deutschland, so auch in Franken, etwa Albertshöfer Sternbräu oder Braumanufaktur Lippert, Lichtenfels, gründen sich zudem sog. Craft-Beer Brauereien.

Sicher, die Stadt Bamberg ist bekannt durch den Dom und seinen Reiter, das alte Rathaus und seine mittelalterliche und barocke Altstadt. Touristen schätzen die fränkische Küche und natürlich das gute Bier; in der Stadt selbst sind 9 Brauereien beheimatet. Am auffälligsten ist vielleicht das Schlenkerla in dem das ortstypische Rauchbier – ein gewöhnungsbedürftiger Trank, wie verflüssigtes Schinkenbrot - ausgeschenkt wird. Schon weniger bekannt, jedoch nicht minder geschmacklich

Kathi Bräu

individuell und spektakulär sind für den industriebiergewohnten Neuankömmling die Biere vom Mahr, Greifenklau, Ambräusianum, Keesmann, dem Klosterbräu, dem Fässla oder der Brauerei Spezial. Das alleine ist für Nichtfranken, die gerne ein Bier trinken, jede Reise wert.

Nur Einheimische kennen jedoch das Umland der Städte. Wirklich touristisch erschlossen ist nur die angrenzende Fränkische Schweiz, ein Paradies für Wanderer,

Motorradfahrer und Kletterer im Dreieck der Städte Erlangen, Bayreuth und eben Bamberg; die „Fränkische" ist ein Naherholungsgebiet der Nürnberger. Viele Auswärtige besuchen den Wallfahrtsort Vierzehnheiligen oder die Wagnerstadt Bayreuth. Kloster Banz ist einmal im Jahr in den Nachrichten mit der CSU-Tagung. Radfahrer von außerhalb Frankens kennen den Main-Radweg, der strikt von den Quellen bis nach Mainz führt. Die näheren oder weiteren Landschaften um den Weg herum, z.B. der Itzgrund oder der Aischgrund sind dagegen sowohl wunderschön als auch weitgehend unbeachtet, nahezu ignoriert. Gleiches gilt für weite Teile von Mittelfranken, wenn es nicht unmittelbar die große Stadt Nürnberg selbst ist. Schon die weitere Umgebung von Ansbach ist gefühlt tiefe Provinz auch wenn Dinkelsbühl und Rothenburg ob der Tauber weltbekannt und stark visitiert sind. Das fand ich schon immer schade, eine schiere Sünde. Dieses Buch und die darin versammelten Touren möchte diese Lücke schließen. Sie finden und lesen deshalb hier die Kombination von Radfahren und Biergenuß, einen Radwanderführer für Bierliebhaber für Franken, auch wenn nicht alle Gegenden – und ohne böse Absicht - gleichermaßen besucht wurden Sehr sportlich orientierte Radler und Mountainbiker, Autofahrer und rein kulturbeflissene Städtereisende werden ggf. in ihrer Erwartung enttäuscht sein. Es wird auf die zahlreichen und guten Reise- und Radführer zu diesen Themen verwiesen. Alle aber, die diese einmalige Verbindung - Radwandern und Besuche der Kleinbrauereien - rund um den „Nabel" Bamberg näher kennenlernen wollen, sind hier richtig und herzlich eingeladen. Für sie wurde dieses Buch geschrieben. Und natürlich sei an dieser Stelle betont, dass ich an Ihren Reisen und Erfahrungen interessiert bin. Bitte berichten Sie mir, wenn sie auf Ihren Wegen rund um Bamberg, Bayreuth, Nürnberg und Ansbach oder in der nahen Fremde der Oberpfalz, Schwabens, Nieder- oder Oberbayern unterwegs sind – von Ihren Touren mit dem Rad und Ihren „Einkehrschwüngen" in den Hausbrauereien Frankens und Bayerns: wieland.achenbach@yahoo.com

B. Persönliches über Geschmack

In Deutschland gibt es ca. 1500 Brauereien (die Zahl ist in den letzten 10 Jahren wegen zahlreicher Craft-Beer Gründungen gewachsen), knapp die Hälfte davon ist in Bayern; alleine in Franken, d.h. Ober-, Mittel- und Unterfranken sind es fast 300. Klar, jeder von uns hat sein Lieblingsbier. Und über Geschmack läßt sich bekanntlich nicht streiten. Jedes Bier hat seinen eigenen Geschmack und seine eigene Note. Wenn ich also über Biere berichte, die mir oder meinen Mitfahrern/-innen besonders gut schmecken, so ist dies meine/unsere Einschätzung, die sich von denen anderer unterscheiden kann.

Eines ist jedoch gewiß: Die Brauereien und ihre Biere, die hier versammelt werden, sind alle individuell.

Das alleine ist schon spannend, macht die vorgestellten Touren abwechslungsreich. Es gibt die bernsteinfarbenen, traditionellen Vollbiere der fränkischen Schweiz, die „sandstein"-Keller und Lagerbiere des Steigerwaldes und des Maintals, mitunter sehr gute Weizenbiere und Spezialitäten wie das Rauchbier im engen Umkreis von Bamberg. Untypisch – wenngleich nicht selten in jüngerer Zeit- ist für

Unter einer Kastanie im Biergarten sitzen...was ist schöner?

Franken und Bayern generell „Pils", obwohl dies in mehr und mehr Brauereien fester Programmpunkt ist. Das Kellerbier startet (nach der vorherigen Verbreitung des Weizens in den 90er-Jahren bis in den hohen Norden) jüngst einen Siegeszug durch Deutschland und wird mittlerweile von vielen Industriebierherstellern versucht zu kopieren. Ebenso nehmen ökologisch erzeugte Biere einen Aufschwung und erringen Marktanteile. Für wohlschmeckendes, qualitativ sehr hochwertiges und individuelles Bier stehen die Brauer Frankens, die über Jahrzehnte, oft Jahrhunderte hinweg sich ohnehin den Traditionen guten Handwerks verschrieben haben und ihren Beruf mit Hingabe und Herzblut ausüben. Die Brauer selbst stellen dies nicht in den Vordergrund. Für sie ist dies selbstverständliche gute Handwerkskunst: „Das Beste ist immer einfach". Schon immer haben sie in ihrem Ort ihr Bier gebraut. Viele nur dort, einige sogar ohne jegliche Verbreitung über ihr Dorf - oder wie die Einheimischen sagen, den Kirchturm- hinaus, da nicht alle ihr Bier in Flaschen füllen, sondern einige selbst heute noch vornehmlich nur für die eigene Gaststätte fassen (kleine Fässer sind erhältlich) und ausschenken, so wie der Will in Schederndorf.

Ich habe diese Einmaligkeit vor über 30 Jahren kennen und schätzen gelernt. Zum ersten Mal war ich mit dem Sportverein 1985 in der Fränkischen Schweiz. Denen sei an dieser Stelle ausdrücklich ein herzlicher Dank gewidmet, weil es so etwas war wie eine Initialzündung. Damals wie heute ist die Kombination von geselligem Beisammensein mit Leuten, die man mag, Radfahren oder Wandern, von leckerem Essen und schmackhaftem Bier ein prägendes Erlebnis.

Wir alle machen bis zum heutigen Tag jedes Jahr – um Himmelfahrt oder Frohnleichnam - unsere Reise in „die Fränkische" und/oder nach Bamberg; viele Jahre zum Wandern, seit ca. 15 Jahren auch zum Radfahren. Den Radius haben wir dadurch nach und nach erweitert. Jeder unserer Gruppe - in wechselnder Besetz-

Penning-Zeißler–Ein klassisches Bier der Fränkischen Schweiz

ung immer 5-10 Mitfahrer (und zu anderen Zeiten im Jahr deren Frauen und Kinder) - hat seine geschmacklichen Vorlieben, sowohl beim Essen und Trinken als auch beim Übernachten oder Flair. Sie werden deshalb einige Start-, Etappen-, Übernachtungs- oder Zielorte in größerer Häufigkeit finden als andere (Weigelshofen, Ebing, Viereth, Gräfenberg, Huppendorf, Oberreichenbach). Das liegt auch am Willen auf den Touren, wenn möglich immer in einer Hausbrauerei zu übernachten. Insofern nehmen Sie meine Ausführungen zum Geschmack als eine persönliche Einschätzung hin - bitte pro-Bieren Sie es selbst.

C. Goldene Regeln

Um die Radtouren voll genießen zu können, möchte ich aus meiner langjährigen Erfahrung ungefragt einige Hinweise geben.

1. Bierathlon

Die Sportart heißt Bierathlon, das bedeutet „drink and drive". Die Verbindung von Radfahren und Biertrinken ist im Grunde heikel. Selbstdisziplinarische Beschränkung ist erforderlich. Die Verkehrsregeln der Straße gelten mit Blick auf den Alkoholkonsum uneingeschränkt auch für Radfahrer und das ist gut so, möchte man doch weder sich noch andere gefährden. Und ob die - gleichwohl aus dem Zusammenhang gerissene - Regel des ehemaligen Ministerpräsidenten Bayerns, Günter Beckstein, man könne nach zwei Maß Bier noch Auto fahren, gilt...wie wir ahnen: wohl eher nicht. Angetütert Rad zu fahren, ist zudem körperlich anstrengend.

Wenn man dann noch etliche Kilometer bis zum Ziel des Tages vor sich hat, kann die Reise lang werden. Meine - gleichwohl individuellen - Erkenntnisse sind folgende: Über den ganzen Tag verteilt, d.h. wenn man morgens gegen 9.00 eine Tour startet und ca. gegen 18.00 beendet, kann ein/e durchschnittlich gebaute/r und trainierte/r Radfahrer/in schon bis zu drei-vier Seidla (das typische fränkische 0,5 Liter-Glas oder Krug) konsumieren. Gut ist es, wenn man dazu begleitend annähernd mindestens die gleiche Menge nichtgeistige Getränke, wie Wasser oder Apfelschorle, trinkt. Bei Radfahrern beliebt ist Radler, drückt schon der Name aus.

Die Touren, die Sie hier versammelt finden, haben deshalb in der Regel drei oder vier Halte. Die übliche Glaseinheit in Franken ist das Seidla, d.h. 0,5l. Wer gerne was probieren, aber nicht immer gleich ein ganzes Seidla konsumieren möchte oder kann, denen sei angeraten, nach einem kleinen Bier zu fragen: 0,25l. Das wurde noch im letzten Jahrhundert gerne als „Frauenbier" beschimpft, setzt sich aber immer mehr auch in Franken als normal und akzeptiert durch. Wenn es das mal nicht gibt, z.B. auf den klassischen Kellern, so ist oft ein sogenannter „Schnitt" zu haben – manchmal jedoch erst als zweite bzw. letzte Bestellung. Ein Schnitt ist ein schnell eingefülltes Seidla mit großer Schaumentwicklung, nach kurzer Zeit, wenn der Schaum einschrumpft, ist es auf ca. 0,3-0,35l reduziert. Also: ganz probat und empfehlenswert, wenn man und frau (ab jetzt „muf") gerne probieren möchte, aber nicht zu viel trinken möchte. Seltener gibt's Leichtbiere, noch seltener Alkoholfreie von den jeweiligen Kleinbrauereien. Das ist dann regelmäßig von Groß-

brauereien als zusätzliches Angebot dazugekauft.

Wegen der Glasgrößen: Warten wir noch ein paar Jahre…obwohl ich die einheimischen Puristen schon höre… Vor noch 20 Jahren gab es auf einigen Kellern (z.b. beim Friedel auf dem Kreuzberg über Hallerndorf).

Gutes tun - Biertrinken ist wichtig

nur Maßkrüge, d.h. den 1l-Literkrug. Den haben sich oft dann einfach zwei Leute-gerne Paare - geteilt. Das gibt es manchmal noch, ist aber heutzutage eindeutig auf dem Rückzug….das mit dem Literkrug, nicht mit den Paaren… Der Wechsel auf 0,5l-Gläser und Krüge war vor ca. 15 Jahren auf diesen Kellern eine kleine Kulturrevolu-tion, vielleicht ist in weiteren 10 Jahren die dann kleinere Einheit 0,25l/0,3l neuer Standard, womöglich dann auch der Entwicklung geschuldet, dass der Bierkonsum ohnehin latent rückläufig ist.

2. Essen
Das Essen in den Hausbrauereien ist auch um das Jahr 2020 nahezu puristisch frän-kisch und das ist, weil passend zu Land, Leuten und Bier, sehr stimmig. Auf den Kel-lern ist das Essensangebot mit Brotzeiten klassisch, seltener gibt's Kuchen. High-lights hier sind Ziebeleskäs oder auch der Zwetschgenbames (eine Art Bündner Fleisch, nur besser), gute Wurst, Schinken und Preßsack. In den Gasthöfen werden – zumeist nur am Wochenende - Bräten, Schnitzel in vielen Varianten, Schäuferla, Knöchla, Schweine- und Sauerbraten, oft auch Rouladen serviert. Nahezu überall sind fränkische Bratwürste mit Brot und/oder Sauerkraut zu haben. Als weitere Beilagen werden traditionell gerne Klöße oder Bratkartoffeln, vielerorts Pommes Frites aufgetischt.

Einige Brauerei-gasthöfe bieten Fisch, in der frän-kischen Schweiz zumeist Forelle, manchmal Zander und natürlich westlich der Reg-nitz Karpfen in allen Spielarten. Salat zum Essen ist seit den 90erJahren ein Standard; er ist viel grün und frisch, mitunter-leider immer noch mit Gemüse

Hhmmm, Schäuferle – ideale Ergänzung zum Bier

aus der Dose wie Möhre, Sellerie oder Bohnen (die quietschen, probieren Sie es aus) kombiniert. Zum Nachtisch wird gerne Eis gereicht, seltener Kuchen in größe-rer Auswahl.

3. Öffnungszeiten und Braustätten

Auf die hier im Buch angegebenen Öffnungstage kann muf weitgehend vertrauen. Das ist über die Jahrzehnte hinweg stabil. Diese Aussage gilt für die angegebenen Ruhetage und die Wochenenden nahezu uneingeschränkt. Was die Öffnungszeiten an einzelnen Tagen unter der Woche betrifft, leider nicht immer. Gerade auf dem Land kommt es häufiger vor, dass insbes. an Wochentagen vormittags die Gaststätten nicht so früh oder so regelmäßig geöffnet sind, wie es Reise- oder Brauereiführer nach den Angaben der Kleinbrauereien schreiben. Die Brauer(innen) und ihre mithelfenden Familien sind zwar da, haben aber zu tun. Es muß ja Bier gebraut werden, die Küche wird vorbereitet, einige sind in ihrer Landwirtschaft oder zu Einkäufen unterwegs. Warmes Essen gibt es meiner Erfahrung nach ab ca. 11.30. Rund die Hälfte der Kleinbrauereien auf dem Land kocht jedoch nur am Wochenende warm auf. Fast alle bieten unter der Woche zumindest Brotzeiten oder Bratwürste. Oft genug wird zur Selbstbedienung aufgefordert, d.h. Getränke sind an der Theke abzuholen; auf den Kellern ist der Weg zum Ausschank ohnehin obligatorisch. Aber einige Türen bleiben ganz verschlossen oder es wird auf spätere Öffnungszeiten verwiesen. Neu ist, dass einige Gasthöfe sich größeren Remmi-Demmi-Gruppen (oder JunggesellInnenabschieden) verweigern, die Biergärten mit einer Partymeile auf Mallorca verwechseln. Manchesmal liegt es auch daran, dass nicht mehr der Gasthof das wesentliche Geschäft darstellt, sondern der Bierverkauf. Wohl wegen mangelnder Frequenz unter der Woche hat z.B. leider der Biergarten vom Meister/Unterzaunsbach geschlossen; da steht jetzt ein Getränkekühlschrank. Seit 2019 haben einige Gasthöfe wegen geänderter Pausen- und Vergütungsregeln für Personal aus Kostengründen zudem ihre Ruhetage erweitert. Dies gilt bspw. für den Gasthof Grasser in Huppendorf: Jetzt Mo/Di Ruhetag. Der Lindenbräu in Gräfenberg: hat jetzt neben Mi. und Fr. auch So. Ruhetag. So und Feiertags -nur zw. 12.-13.30 geschlossen hat der Hübner in Steinfeld

Selbstbedienung —Auf dem Keller und im Biergarten fast überall

Wenn Sie sicher gehen wollen, rufen Sie am Abend vorher an. Telefonnummern der Brauereigasthöfe finden sie im Anhang, Kap.F I.

Die hier beschriebenen Touren verweisen zudem häufiger auf Alternativen.

Was sich seit der 1. Aufl. des „Radwandern für Bierliebhaber" zur hier präsentierten 3. Aufl. alles verändert hat, hier in einem versuchten groben Überblick (ohne jeglichen Anspruch auf Vollständigkeit; es liegt in der Natur der Sache: es ändert sich weiter):

- Einige der Brauereien haben leider zwischenzeitlich (nach 2012) ihren Braubetrieb (und zum Teil ihre Gasthöfe) eingestellt, einige betreiben aber nach wie vor – zumindest teilweise- ihre Gasthöfe und bieten als Zapfenwirte andere regionale Biere an; oder lassen ihr Bier im Lohnbrauverfahren herstellen. Sie finden dazu Hinweise (bestimmt nicht vollständig...) in den Texten zu den Touren oder im Kap.F. Es sind dies aus jüngster Zeit z.B.Herrnsdorf, Barnikel; Elsendorf, Lindner; Brauerei Weber in Röbersdorf, Hertlein in Staffelbach, Winkler in Melkendorf. Im Überblick vgl. für Franken https://www.braufranken.de/html/brauschluss.html#ofr

- Wie auf der Seite zuvor beispielhaft berichtet wurde, haben –einige – Klein-

brauereien für ihre Gasthöfe entgegen den Angaben in Brauereiführern jüngst (seit 2018) die Öffnungszeiten verändert. Bitte schauen Sie ins Kap. F und rufen Sie vor jeder Tour, insbesondere den längeren mit ggf. Übernachtung, dort an: z.B. Gräfenberg, Lindenbräu; Huppendorf, Grasser; Nürnberg, Schanzenbräu, Steinfeld, Hübner; Unterzaunsbach, Meister; Ebing, Hübner;Wiesen,Thomann

Kein regelmäßiger Biergarten- und Gasthofbetrieb mehr – der Meister in Unterzaunsbach

- Erfreulicherweiser gibt es doch einige Neugründungen (seit ca. 2005), manche aus der Craftbeer-Bewegung: z.B. Albertshofen, Sternbräu; Breitengüßbach, Binkert; Hausen (bei Schonungen), Brauerei Ulrich Martin; Homburg am Main, Bräuscheuere; Lichtenfels, Braumanufaktur Lippert (ohne Gasthof); Melkendorf, Brandholzbrauerei, Grasser, C.; Neudrossenfeld, Drossenfelder Bräuwerk; Pretzfeld, Nikl-Bräu; Thuisbrunn, Elchbräu, Uetzing, Hausbrauerei Reichert, „Metzgerbräu" (ohne Gasthof); und nach Pause wieder aufgenommen hat Zettmannsdorf, Seelmann.
- Die Preise für Übernachtung (z.B. nach Renovierung) und Trinken sind – nicht überall- spürbar angestiegen; für Essen eher nicht.

4. Übernachtungen- Von rustikal bis de luxe

Die mehrtägigen Radtouren sehen alle Übernachtungen an den Zielorten von Etappen vor. Es sind dies in der Regel Brauereigasthöfe, die eben neben Essen und Trinken auch Übernachtungen anbieten. Als Radwanderer bin ich für jede Übernachtungsmöglichkeit dankbar, dies sei betont. Das Spektrum reicht von sehr einfachen,
eher rustikalen Schlafstätten bis zu gutem Pensionsstandard. Es gibt Unterschiede,
hier seien deshalb für die Leser drei Kategorien eingeführt: Rustikal, Standard und
de luxe. Die Preise sind in den letzten 5 Jahren signifikant gestiegen, weiterhin aber
fair und akzeptabel, eben dem Niveau entsprechend, und reichen von ca. 28,- bis
zu 60,-€. Im Durchschnitt – Referenzjahr ist 2019 - wird für das Bett mit Frühstück
so um 45,- € verlangt.

5. Suchen und Finden

Apropos Suchen und Finden, einfacher ist diese goldene Regel: Wenn die Hausbrauerei nicht wider Erwarten sonstwo im Ort ist…sie ist in der Regel, d.h. gefühlt
in 4 von 5 Fällen, in der Nähe der Kirche.

Das gehörte schon immer zusammen und ist gute Traditi-on. Nach dem sonn-täglichen Kirchgang visitierte muf gerne im Anschluß den Gast hof, häufig verbunden mit ei-nem Mittagessen. Einige verzichten heute ggf. auf den Kirchgang, die Ge-bäude stehen aber konsequent am gleichen Platz. Da-rauf ist Verlass.

Kurze Wege

6. Utensilien: Was muf so braucht

Bitte keine Störgefühle bei der Lektüre der folgenden Zeilen: Der radelnde Fran-
kenfahrer bekommt alles in den Ortschaften und den Städten; Kleidung und Le-
bensmittel, alle Dinge des täglichen Bedarfs. In den Städten und größeren Ortschaften rund um Bamberg gibt es Radläden und Fahrradverleihe. Auf dem Land
sind die Öffnungszeiten des Einzelhandels, insbesondere am Samstag mitunter je-

doch knapp bemessen. Die Geschäfte auf dem Land schließen häufig gegen 18.00, am Samstag außerhalb von Bamberg, Forchheim, Lichtenfels oder Bayreuth gerne bereits um 13.00. Bleiben zur Not Tankstellen.

Früher – noch vor ca. 10 Jahren - war die komplette Fränkische Schweiz, das „Gebürg", zudem nahezu ein einziges Funkloch. Wer sich mal ein paar Tage vom 24/7 und der Seuche permanenter Erreichbarkeit befreien wollte, konnte hier ein vergleichsweise sicheres Versteck finden, sich vom Joch der elektronischen Sklavenhalter befreien und die Anfänge digitaler Demenz verzögern. Ganz praktisch also, manchmal. Wenn muf dann doch Kontakt zu den Lieben oder zu seinem Arbeitgeber suchte, half nur das Festnetz oder der Besuch der höchsten Erhebung – auch letzteres klappte nicht immer. Das ist mittlerweile meist anders, jedoch nicht überall. Viele suchen auch heute noch Empfang und wundern Sie sich nicht...Sie finden – insbesondere inmitten der Fränkischen Schweiz - nicht immer stabilen.

7. Wege
Rund um Bamberg gibt es viele Radwege. Gerade in den letzten Jahren wurden viele neu gebaut und neu ausgewiesen. Mittlerweile ist die Fülle der Beschilderung schon teilweise verwirrend, insbesondere in Kombination mit den vielen Wanderwegen. Rad- und Wanderführer zeigen Rundtouren und geführte Strecken. Daneben ist es möglich, die meisten der hier beschriebenen Strecken auf wenig befahrenen Wegen und Straßen zu absolvieren. Das Spektrum reicht deshalb von Landstrassen, ausgewiesenen Radwegen, geteerten Wegen, gut gepflegten, zumeist landwirtschaftlich genutzten, oft gepflasterten Flurwegen, Feld- und Waldwegen bis zu Wanderpfaden. Dieser Radwanderführer versucht stark befahrene Strassen und insbesondere Bundesstrassen zu vermeiden. Die Regel lautet hier insofern: Es ist möglich, weitgehend abseits des Verkehrs zu bleiben, selten gibt es jedoch auch Übergänge oder kurze Passagen auf befahrenen Strassen bzw. der gewählte Radweg verläuft manchmal parallel zu einer Strasse. Dies begründet sich durch die Streckenführung und das Ziel dieses Radwanderführers, von Hausbrauerei zu Hausbrauerei zu reisen.

8. Berge (sind relativ)
„Radwandern für Bierliebhaber - Franken" beschreibt viele Touren durch die Fränkische Schweiz, den Steigerwald und die Hassberge. Die Strecken führen oft und gerne durch mehr oder minder flache Strecken wie um Nürnberg herum, es gibt jedoch - dem Gelände entsprechend – Erhebungen, manche sagen Berge. Gerade die fränkische Schweiz zeichnet sich durch Täler aus, die von Tafelbergen umgeben sind, d.h. wenn man die Täler verlässt, gibt es mitunter kurze aber heftige Anstiege. Lassen Sie sich Zeit, nehmen Sie es hin, das Ziel bestimmt den Weg (einige sagen:

das Ziel ist im Weg). Ich zeichne mich beileibe nicht durch große Kondition aus. Seien Sie versichert: die Strecken sind mit Blick auf „unnötige" Steigungen bereits „optimiert". Manchmal ist der Berg jedoch nicht zu vermeiden. Die Steigungen aus dem Main-, Pegnitz-, oder Regnitztal sind nach Anzahl und Härte überschau- und machbar. Die größten und seltenen „richtigen" Berge weisen Steigungen von max. 250-300 Höhenmetern auf, die meisten Anstiege liegen deutlich unter 100 Höhenmetern.

Seitdem ich zudem ein Pedelec mein eigen nenne – insofern sind die hier beschriebenen Touren auch gut für Pedelecfahrer geeignet – ist dieses vermeintliche Problem, das ich in der Vergangenheit manches Mal durch zeitweiliges Schieben besiegt habe, gelindert.

Es ist wie es ist (Wie beim Tourenskigehen): No pain no gain. Die Belohnung ist die Abfahrt oder wartet am nächsten Halt.

Es geht bergauf...und dann auch wieder runter

9. Ausrüstung und Kondition
Tourenräder sind gut geeignet: Klassisch oder so wie ich seit einigen Jahren mit zusätzlicher Stromunterstützung. Letzteres ist wegen doch einiger Steigungen mitunter hilfreich, wenn muf Kniee hat oder nicht so trainiert ist. Es geht aber auch gut ohne; alle Touren sind, weil es nicht übermäßig viele Kilometer/Tag sind, als mit durchschnittlicher Kondition fahrbar, der eine oder die andere braucht vielleicht mal eine halbe Stunde länger oder kürzer. Finden Sie Ihr eigenes Tempo.

10. Karten und Brauereiführer
Als Kartenmaterial empfehle ich neben den sehr detaillierten Wander- und Radkarten von Fritsch, Kompass oder den „amtlichen" Umgebungskarten des „Landesamt für Vermessung und Geoinformation, Bayern", insbesondere zwei neuere - wasserabweisende - Kartenwerke von Kompass: Zum einen die „Fahrradkarte 3096 Fränkische Schweiz, Kulmbach, Bayreuth" sowie zum anderen die „Fahrradkarte 3082

Bamberg, Haßberge, Steigerwald", die bei den Tagestouren schon das meiste des befahrenen Gebietes gut und nahezu komplett abdecken.

Bis 1997 war für die Braustätten „Die neue Fränkische Brauereikarte" von Stefan Mack Standard. Nach der 8. und wohl letzten aktualisierten Auflage gab es verschiedene Nachfolgeprodukte. Seit 2010 präsentieren nun die Bamberger Raupach/Böttner auf 672 Seiten in ihrem Führer „Frankens Brauereien und Brauereigaststätten" (letzte Aufl.2015) einen mit Blick auf Getränke- und Essensangebot, Historie, Adressen, Tel.nrn. und Öffnungszeiten gut geschriebenen, kompletten, bebilderten und aktuellen Überblick über alle (Klein)Brauereien Frankens (Seit 2013 auch für ganz Bayern, vgl. Kap.F.) Zu jedem Gasthof wird eine kleine Geschichte erzählt. Chapeau, ein Buch, das jedem/r Frankenfahrer/in wärmstens empfohlen wird (Ein Wermutstropfen: es wiegt fast 1 Kilo). Besonderen Dank möchte ich noch an die Autoren Kaul/Höllhuber richten, die quasi als Pioniere der Beschreibung und Erhaltung der fränkischen Braukunst mit ihren „Wanderführern für Biertrinker" für viele bis heute wegweisend und für mich Vorbild sind. Erwähnen möchte ich für Bamberg zudem das Buch von Leonhard Schwenzer: Radwandern rund um Bamberg. Allerdings ist das Werk von 1996, insbes. die Einkehrmöglichkeiten bleiben insofern jeweils zu überprüfen. Eine Übersicht zu Karten und den erwähnten Brauereiführern, daneben weitere Literatur und links, finden Sie im Anhang. Kap. F. Noch ein Satz zu den Kilometerangaben: Sie sind nur ungefähr, nicht mit GPS gemessen. Sie folgen entweder meinen Angaben auf dem „Fahrradcomputer" d.h. manchmal mit kleineren Schlenkern, Umkehrern, Verfahrern inkl. oder rekonstruierten Streckenführungen auf openstreetmap (mapquest).

Und jetzt aber nach dieser langen Vorrede endlich zu den Radtouren: Los geht's.

Radweg bei Pottenstein

Wir starten mit Tagestouren und Wochenend-Ausfahrten mit einer Übernachtung (I.). Danach folgen die mehrtägigen Rundtouren (II.). Mehrtägig heißt in der Regel mit drei Übernachtungen (+ zwei Wochentouren mit sechs Übernachtungen), immer in einer anderen Hausbrauerei. Am Ende habe ich aus Serviceüberlegungen und eigenen Erfahrungen – als Alternative zum Radfahren – kursorisch noch einige sehr beliebte Wandertouren (III.) kurz notiert und verlinkt...wenn der Po mal wehtut und Stehstreik droht...

D. Die Radwandertouren

I. Tagestouren und Wochenausfahrten mit einer Übernachtung
1. Nach Bamberg und zurück
2. Mit den Kindern im Leinleitertal
3. Ziebeleskäs in Schederndorf, Zwetschgenbames in Huppendorf
4. Flach...und beliebt
5. Dinkelsbühl – an der Wörnitz
6. Berg und Tal
7. Rund ums Walberla
8. Über den Geisberg
9. Ins Coburger Land
10. Aischgrund mal anderslang
11. Durch das Kleinziegenfeldertal
12. Von Wiesen an Main und Itz nach Seßlach
13. Von Viereth am Main zur Rauhen Ebrach
14. Noch mal im Steigerwald – Von Oberreichenbach nach Uehlfeld
15. Im Tal der Aurach und an der Aisch
16. Von Pottenstein ins Wiesenttal in der fränkischen Schweiz – nach Gräfenberg.
17. Auf dem Brauereienrekordweg – nach Aufsess
18. Durch das Leinleitertal – nach Weigelshofen
19. Von Viereth ins Gebürg nach Huppendorf

II. Mehrtagestouren
20. Rund Bamberg
21. Mit viel Wiesent
22. Einfach nur schön
23. Schlaflos im Sattel: 6 Tage und 7 Nächte
24. Das Sechstagerennen
25. An Main und Tauber
26. Die Flußtälerfahrt: An Main, Aisch, Tauber und Wern
27. In der Fremde: Ein Abstecher in die Oberpfalz und nach Oberbayern

III. Wandertouren

I. Tagestouren

1. Nach Bamberg und zurück

Kompass Fahrradkarte 3082, Bamberg, Hassberge, Steigerwald

Mühlendorf-Bamberg-Frensdorf-Untergreuth-Grasmannsdorf-Mühlendorf (38 km)

©2015 MapQuest - "Map data © OpenStreetMap and contributors.

Mühlendorf-Bamberg (7 km)

In Mühlendorf im **Mühlenbräu** haben wir übernachtet (Doppelzimmer kostet um 60,-€, Ausstattung eher rustikal bis Standard). Das Bier der Merkleins im Mühlenbräu ist entweder ein Helles, ein Dunkles, ein Weizen oder ein Pils. Überzeugt hat uns das Helle. Von dort am nächsten Morgen gegen 9.00 gestartet. Es geht zunächst in Mühlendorf über die Kreuzung gerade aus hoch auf der „Fürst-Bischöfliche-Tour" FBT in den Michelsberger Wald. Nach ca. 3 km auf Flurwegen fahrend rechts ab. Es geht weiter leicht bergauf durch den Bamberger Stadtwald, der Weg wird auf der Höhe zu einem Waldweg, führt dann abwärts in die Bischofsstadt und Weltkulturwelterbe. In Bamberg gibt es viele Brauereien (10), aber heute wählen wir für einen vormittäglichen Cappuccino das Eiscafe auf der Brücke links direkt vor dem alten Rathaus.(In unmittelbarer Nähe des alten Rathauses, in der Dominikanergasse finden Sie etwa die **Brauerei Schlenkerla** oder das **Ambräusianum**) Dann über die Brücke, auf die Strasse, die die Fußgängerzone schneidet. Ca. 500 Meter dahinter über die Brücke ins „Inselgebiet", dort rechts runter auf den Radweg, den Regnitzradweg (RR).

Bamberg-Frensdorf (13 km),

Auf dem RR bleiben, vorbei an Bughof, immer zwischen Regnitz und Main-Donaukanal fahren bis auf die Höhe von Pettstadt. Dort beginnt die „Brauerei- und Bierkeller-Tour" (BBT). Den Schildern folgen bis zur Personenfähre über die Regnitz. „Fährmann hol über" rufen, übersetzen, und 1,-€/Person+Rad bezahlen. Dann auf dem BBT durch Pettstadt. Nach rund 4 km auf dem Radweg auf der Höhe von Reundorf kurz rechts, dann links auf die Strasse nach Frensdorf einbiegen. In Frensdorf gibt es den Landgasthof Pickel, hier kann man prima zu mittag essen und dabei den Störchen auf dem Dach bei der Aufzucht ihrer Jungen zuschauen.

Einer der sieben Brückenheiligen bei Grasmannsdorf: Otto

Frensdorf-Untergreuth (3 km)

Vom Pickel durch den Ort, rechts auf die Strasse nach Bamberg. Kurz hinter der Brücke über die Rauhe Ebrach, wird der BBT gekreuzt. Wir fahren links auf einer geteerten Nebenstrasse Richtung Untergreuth. Vorbei am Greuther See erreicht man nach weiteren ca. 2 km die **Brauerei Büttner**. Beim Büttner – nur am Wochenende geöffnet – gibt es ein leckeres helles Lagerbier.

Untergreuth-Grasmannsdorf (9 km)

Vom Büttner kurz zurück bis zum Ortsausgang, dann rechts, einem Flurweg leicht abwärts folgen bis nach Vorra. Dort rechts zurück auf den BBT, über Unter- und Oberharrnsdorf, dort die B22 überqueren, auf die Strasse nach Grasmannsdorf, immer auf dem BBT. Hier winkt rechts nach dem Ortseingang nach ca. 50 Metern links die **Brauerei Kaiser**; diese reicht – ca. ab April - ein sehr gutes Weizenbier.

Grasmannsdorf-Mühlendorf (6 km)

Vom Kaiser aus zunächst links in den Ort, dann rechts auf den Flurweg, der als Steigerwald-Hochweg (STH) firmiert. Es geht leicht und ca. 3 km bergauf. Nach einem Linksknick, dem wir folgen, im Wald, an dem drei kleinere Wege rechts abbiegen, den ersten nehmen. Der Weg ist nicht besonders gut zu fahren, mündet aber bereits nach ca. 1 km in ein Dorf namens Kreuzschüh. Von dort der Strassenbeschilderung folgen, im Ort kurz und heftig bergauf, dann im Wesentlichen abwärts zurück nach Mühlendorf rollen. Es ist 17.00. Die Tour dauert, je nach Länge der Pausen, die wir ausgiebigst gestalteten, rund 8 Std. In Summe sind es ca. 38 km.

2. Mit den Kindern im Leinleitertal

Kompass Fahrradkarte 3096 Fränkische Schweiz, Kulmbach, Bayreuth

© OpenStreetMap contributors

Unterleinleiter-Heiligenstadt-Oberleinleiter-Unterleinleiter (21 km)

Wenn Kinder (gefühlt so zwischen 8 und 15 Jahren) mal freiwillig oder unter leichtem Zwang mit ihren Eltern einen Fahrradausflug wagen wollen, ja, dann ist der folgende Trip in der Fränkischen durchaus eine attraktive Möglichkeit, geht der Weg doch weitgehend auf einer alten aufgelassenen Bahntrasse durch das Leinleitertal und verbindet Natur mit Einkehrmöglichkeiten bei machbaren Streckenlängen. (eine längere Variante könnte einen Start in Ebermannstadt, Brauerei Schwan vorsehen, ca. 12 km mehr)

Unterleinleiter-Heiligenstadt (6 km)

Vom Wanderparkplatz Unterleinleiter gestartet geht der Weg für ca. 7 km auf der alten Bahntrasse - mit sehr geringer Steigung über Veilbronn und Traindorf nach Heiligenstadt (auch Brauerei Aichinger) zum Heiligenstädter Hof für eine erste Pause.

Unterleinleiter-Oberleinleiter-Unterleinleiter

Heiligenstadt-Oberleinleiter (4 km)

Vom Marktplatz zurück auf dem Radweg, es ist der Burgenstrasse Radweg (BR), führt der Weg weiter durch das Leinleitertal. Hier gibt es nun einige kleinere und kürzere Steigung, danach winkt in Oberleinleiter in der **Brauerei Ott** Rast und Mittagessen. Für alle gibt's Essen, für die Eltern das „Obladaara", ein schmackhaftes helleres Lagerbier.

Oberleinleiter-
Unterleinleiter (11 km)

Zurück läßt muf es – unsere Kinder wußten es zu schätzen – weitestgehend abwärts rollen. So wie die alte Bahntrasse am Morgen mit max. 1% aufwärts ging, so geht es jetzt wieder runter.

Alles easy, d.h...
kaum Beschwerden.

2013 im Leinleitertal bei Traindorf...who`ll stop the rain?

3. Ziebeleskäs in Schederndorf, Zwetschgenbames in Huppendorf

Kompass Fahrradkarte 3096 Fränkische Schweiz, Kulmbach, Bayreuth

Aufsess-Sachsendorf-Schederndorf-Steinfeld-Huppendorf-Aufsess (43 km)
Das ist eine Reise durch einen Kernbereich der Fränkischen Schweiz mit 5 Bierhighlights auf sehr wenigen Kilometern...und 2 kulinarischen Meilensteinen, die Sie kennen lernen und schätzen werden. Das ganze ist eine schöne Tagestour, jedoch sehr wellig.

Aufsess-Sachsendorf (5 km)
Es geht betulich und landschaftlich grandios los. Vom Brauereigasthof Rothenbach in Aufsess starten wir auf dem Radweg durch das Aufsesstal, hier weitestgehend gleich mit dem „Brauereienweg" und radeln über Oberaufsess und Neuhaus bis zur **Brauerei Stadter** in Sachsendorf, zweifellos Zeit für eine erste Einkehr...Zu Trinken gibt's ein kupferfarbenes, sehr schmackhaftes Vollbier auf der Terasse an der Strasse.

Beim Grasser

22

Sachsendorf-Schederndorf (17 km)

Die zweite Etappe ist schon länger und führt auf der Brauereien- und Bierkellertour (BBT) zunächst bergan von Neuhaus nach Drosendorf. Hier folgen Sie der Beschilderung des Nebenradweges nach Wiesentfels mit imposanter Burg, dann kurz bis Treunitz auf der hier wenig befahrenen B22. Und dann rechts relativ steil hoch (am Anfang, dann flacher) aus dem Wiesenttal auf der „Fürstbischöfliche Tour" (FT) nach Stadelhofen und weiter bis nach Schederndorf zur **Brauerei Will**. Getreu ihrem Motto, das „Beste ist immer einfach", wartet neben dem erstklassigen Lagerbier hier in Kombination als Brotzeit „Ziebeleskäs", eine Art Hüttenkäse mit frischen Zwiebeln. Veggies sollten unbedingt probieren, für Carniforen empfehlenswert: „halb und halb", d.h. Ziebeleskäs mit rohem Schinken, ein Gedicht.

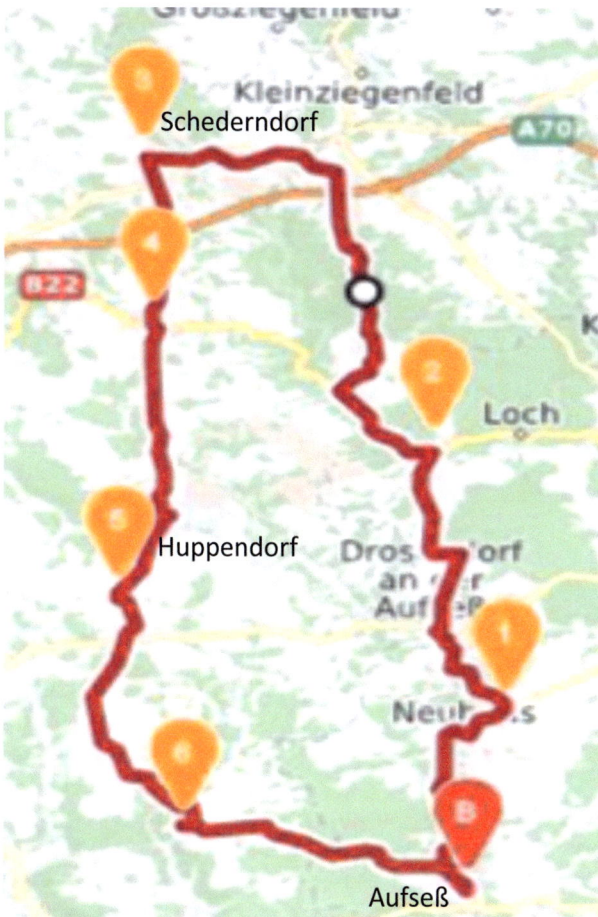

Aufsess-Schederndorf-Huppendorf-Aufsess (43 km)

© OpenStreetMap contributors

Schederndorf Steinfeld (3 km)

Vom Will zurück auf die FT und nach Grafenhäusling fahren, dann links über Roßdorf am Forst und die A70 überqueren. Ca. 3 km dahinter erreichen Sie Steinfeld, den Ort der Wiesentquelle, und rechts leicht erhöht über der Strasse den **Hübner Bräu** mit Biergarten und auch interessantem, weil selten gewordenem Gastraum im Inneren, eine typische und authentische fränkische Dorfkneipe, in derFremde schon mal zuerst kritisch beäugt werden. Zu trinken gibt's ein mehr als gutes eher dunkles Bier, gerne im Krug, ein Ort zum Verweilen und Festsitzen(Tour 21, 22).

Steinfeld-Huppendorf (7 km)

Aber der Weg führt weiter. Fahren Sie wenige hundert Meter auf der B22, biegen Sie dann rechts auf die Strasse nach Königsfeld ein und „klettern" Sie bis zur Kreuzkappelle. Kurz dahinter geht's ein wenig bergab, dann wieder hoch bis auf die Höhe über Königsfeld. Im Ort am Anfang scharf rechts, dann vorbei am Sportplatz und dann links auf einem Flurweg sanft ansteigend bis nach Huppendorf und zur **Brauerei Grasser**.

Der Grasser bietet nicht nur – Übernachtungen möglich – ein sehr schmackhaftes kupferfarbenes Vollbier, typisch für die fränkische Schweiz, sondern in unseren Augen das 2. kulinarische Highlight der Tour: Zwetschgenbames. Wer noch immer, oder schon wieder Appetit verspürt, dem sei dieses über Zwetschgenholz geräucherte „Bündner Fleisch" dringendst angeraten; wir sagen, ohne das probiert zu haben, bleibt muf ein unvollständiger Frankenfahrer/in. Und wem das nicht reicht, der wird von der Herzlichkeit der Grassers überzeugt. Immer wieder gut und zu allen Jahreszeiten ist diese Reise auf den Berg nach Huppendorf lohnenswert.

Felsformation bei Drosendorf

Huppendorf-Aufsess (11 km)

Vom Grasser links hoch, nochmal links auf die Strasse nach Hohenpölz, von dort auf dem Radweg nach Brunn, durch den Wald bis auf die Strasse und dann links abfahren zurück bis nach Aufsess und zum **Brauereigasthof Rothenbach**. Hier wird übernachtet in Standardzimmern, EZ mit Frühstück

für zuletzt 47,-€ Euro. Der geschäftige Gasthof ist Mitglied des Verbandes „Private Brauereigasthöfe" und bietet zum Essen ein gute fränkische Karte und zum Trinken Dunkles, Pils, Weizen und ein empfehenswertes Zwickel. Erschöpft begeben wir uns zur Ruhe, träumen von der Tour, von Ziebeleskäs und Zwetschgenbames, alles prima, so soll es sein. ZZtiptop.

4. Flach ...und beliebt

Kompass Fahrradkarte 3082, Bamberg, Hassberge, Steigerwald

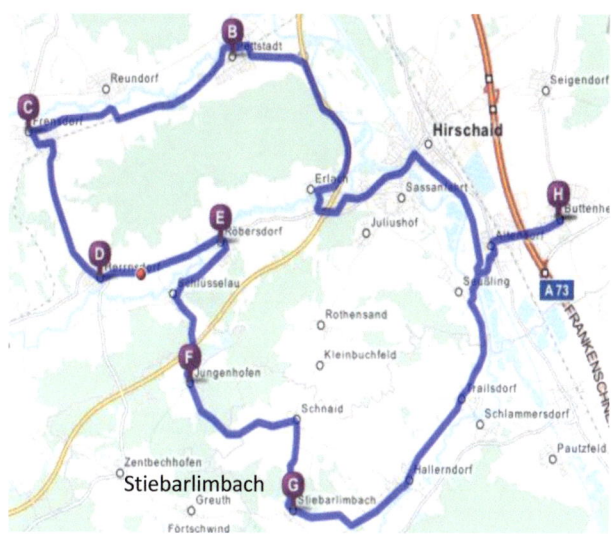

Buttenheim-Herrnsdorf (18 km)

Vom Gästehaus der Brauerei St.Georgen nach Übernachtung (Standard) gegen 9.30 in Buttenheim (auch Löwenbräu) gestartet, führt der Weg zunächst über die Strasse nach Altendorf. Dort geht es auf den „Aischtalrad-weg" (AR). Dieser führt immer entlang des Main-Donau-Kanals bis nach Hirschaid

Buttenheim-(Pettstadt/Fähre)-Herrnsdorf–Röbersdorf-Stiebarlimbach-Buttenheim (42km)

©2015 MapQuest - "Map data © OpenStreetMap and contributors.

(Brauerei Kraus). An Hirschaid vorbei fahren bis auf die Höhe von Strullendorf, hier links über Feldwege bis zur Fähre über die Regnitz nach Pettstadt. Alternativ von Hirschaid über Erlach nach Pettstadt.

Statt eines Mittagessens – Kuchen beim Barnikel

Die Fähre über die Regnitz, die einzige in Oberfranken, fährt seit rund 600 Jahren. Muf landet vor Pettstadt, fährt hindurch auf ei-nem Radweg flach über Reundorf (Brauerei Müller mit Schmausen-Keller im Wald) bis nach Frens-dorf. Dort die Strasse links Rich-tung Herrnsdorf nehmen. Zu-nächst geht es ein wenig bergan, dann ein wenig bergab. In Herrns-dorf – ungefähr in der Mitte des Ortes – rechts abbiegen. Nach ca. 50 m erreichen wir die **Brauerei Barnikel**. Hier gibt's seitdem die Brauerei selbst nicht mehr braut, Bier von der Aufsesser Brauerei, Fam. Rothenbach.

25

Und Kuchen; schwergewichtig, der ein versäumtes Mittagessen locker ersetzt. So zumindest bei unserem letzen Besuch.

Herrnsdorf-Röbersdorf (4 km)
Vom Barnikel zurück auf die Strasse nach Hirschaid und nach ca. 4 km wartet mit der **Brauerei Weber** der Mittagshalt in Röbersdorf. Der Weber bietet ein gutes Bier – seit kurzem von Rittmayer, Hallerndorf - zu Essen gibt es solide „Schnitzelküche.

Die Regnitzfähre bei Pettstadt

Röbersdorf-Stiebarlimbach (10 km)
Vom Weber auf den Radweg „Fürstbischöfliche-Tour" durch das Tal der Reiche Ebrach bis nach Schlüsselau und von dort nach Jungenhofen. Hier hoch auf einer Nebenstrasse nach Zehntbechhofen (Brauerei Friedel). Dort Richtung Hallerndorf einbiegen; über Greuth (Brauerei Fischer) erreicht muf nach ca. 5 km alsbald Stiebarlimbach, und – wenn Sie durch den kleinen Ort irgendwie durchfahren – den Keller der **Brauerei Roppelt** unterhalb des Kreuzbergs (Brauereien Lieberth, Rittmayer, Friedel) erreichbar nach ca. 15 min Wanderung durch den Wald hinter dem Keller bergan). Beim Roppelt wird ein süffiges Keller kredenzt, das zum Festsitzen einlädt, daneben warmes Essen und auch Kuchen, Eis für die Kleinen (und die Großen) im Automaten.

Stiebarlimbach-Buttenheim (10 Km)
Vom Roppelt abwärts auf der Strasse Richtung Willersdorf fahren, an einer Kreuzung die Nebenstrasse nach Hallerndorf einschlagen. Durch Hallerndorf nach Trailsdorf fahren, von dort links haltend auf die Strasse nach Seußling. Über Regnitz und Main-Donau-Kanal nach Altendorf und von dort über die Bahn zurück nach Buttenheim. Es ist 17.00, 42 km liegen hinter uns. Die Strecke ist bis auf die wenigen Hupfer aus den Flußtälern flach und insofern eine Relaxtour, d.h. mit hohem Chillfaktor. Alles in Allem eben flach und beliebt.

5. Dinkelsbühl – an der Wörnitz
Tourismus Verband Romantisches Franken - Radwanderkarte

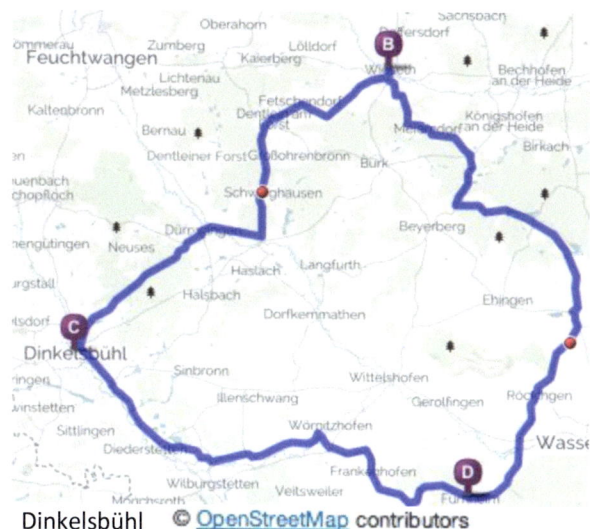

Dinkelsbühl © OpenStreetMap contributors

Fürnheim-Wieseth-
Dinkelsbühl-Fürnheim
(70 km)

Dies ist ein Tagesausflug per Rad ins romantische Dinkelsbühl, nahezu vollständig erhaltenes spätmittelalterliches Fachwerk, mit rundlaufender Stadtmauer und Türmen, ähnlich wie Rothenburg, nur fast ohne chinesische und japanische Touristen...schade ist der Autoverkehr in der Innenstadt.

Fürnheim-Wieseth (30 km)
Von der Forstquell Brauerei in Fürnheim am morgen gegen 9.00 gestartet führt der Weg zunächst ins Wörnitztal auf den Wörnitzradweg (WW) und nach Wasser-trüdingen. Von dort strampeln Sie flugs auf der Karpfenlandroute (KL) über Unter-schwaningen, Dennenlohe, Friedrichsthal und Meierndorf durch am Ende eher wel-liges mit Karpfenteichen beglücktes Gelände bis nach Wieseth zur **Brauerei Fischer**. Die sollten Sie – unter der Woche – in jedem Fall vormittags besuchen, da sie nach ca. 12.00-13.00 schließt. Das Bier, das Spezial, ist ein Helles und gut trinkbar.

Skyline von Dinkelsbühl

Wieseth-Dinkelsbühl (20 km)

Vom Fischer fahren Sie am Besten nach Dentlein am Forst, dann auf der Straße nach Schwaighausen und sodann auf dem Dinkelsbühler Weg (DW) von Norden her auf Dinkelsbühl (auch Brauerei Hauf). Es geht 2 x rauf und runter, am längsten bei Dürrwangen. Es gibt viel zu schauen, wer alte Bausubstanz mag, kriegt einen Over-

Leckerer Hexentrunk im Weibsbräu

flow und wenn der lästige Autoverkehr in der Innenstadt nicht wäre, dann könnte muf sich tatsächlich in ein anderes Jahrhundert versetzt fühlen. Viele Touristen flanieren um die imposante Kirche, es ist schon ähnlich wie in Rothenburg ob der Tauber, jedoch noch nicht ganz nicht so unangenehm gehetzt überlaufen mit Smartphones an Stangen und Me, my Selfie and I Kultur... Im Stadtzentrum in der unteren Schmiedgasse liegt abseits der Hauptstraße **Weib`s Brauhaus** mit kleinem, aber sehr schönem Biergarten unter Kastanien und einem Hellen. Hier ließe sich auch – wenn die Tour etwa alternativ in Dinkelsbühl startete - übernachten (mit Frühstück im EZ für 49,-€), aber der Weg nach Fürnheim ist nicht so weit auf dieser Tagestour.

Dinkelsbühl-Fürnheim (20 km)

Dazu suchen Sie in Dinkelsbühl südwärts den WW und radeln durch das Wörnitztal über Wilburgstetten bis nach Weiltingen. Im Ort rechts abbiegen auf einen Nebenradweg nach Frankenhofen. Hier steigt es an. Über Irsingen erreichen Sie durch ein Waldstück dann Fürnheim und den Stammsitz der Riesengroßbrauerei Oettinger, die **Forstquell Brauerei;** sehr schmackhaft zum Ausklang der Tour hier das kupferfarbene Forstquell Gold. Alles in Allem eine sehr angenehme, gut zu fahrende Tagestour über 70 km mit Dinkelsbühl als mittäglichem Highlight.

Stadttor mit Emblem des Gasthofes Wilder Mann (Hauf Bräu)

Hexen und wilde Männer – genau das Richtige.

6. Berg und Tal
Kompass Fahrradkarte 3096 Fränkische Schweiz, Kulmbach, Bayreuth

Weigelshofen-Oberleinleiter (15 km)
Diese Tour ist eine Veranstaltung für Kletterer oder solche, die es werden möchten. Gestartet wird von der Brauerei Pfister in Weigelshofen gegen 9.30. Zunächst folgen wir der Strasse über Drosendorf nach Drügendorf. An der Kreuzung rechts auf die Strasse nach Ebermannstadt einbiegen und gleich wieder links auf eine wenig befahrene Strasse Richtung Götzendorf.

Weigelshofen, Oberleinleiter, Huppendorf, Heiligenstadt, Ebermannnstadt, Weigelshofen (53 km)

©2015 MapQuest - "Map data © OpenStreetMap and contributors.

Der gemütliche Teil endet in Tiefenstürmig, der landschaftliche schöne Teil wird hier ergänzt durch einen steilen Anstieg auf das Hochplateau der Fränkischen Schweiz. Hinter der Kurve um die Kirche steigt eine kleine, schmale und geteerte Strasse rechts steil aus dem Ort an. In Serpentinen tritt muf in die Pedale bis auf über 500 Höhenmeter durch den Wald hoch. Wenn es nicht so anstrengend wäre, könnte man den Weg als sehr schön empfinden. Oben noch ca. 1 km auf dem Weg bleiben, dann links abbiegen und nach ca. 500m noch mal links. Vom „Assenberg" auf rund 550hm geht es leicht abwärts bis nach Kalteneggolsfeld, durch den Ort auf die Strasse nach Oberngrub. Von dort rechts ab auf die Strasse nach Burggrub. Es geht – teilweise ordentlich – wieder bergab. In Oberngrub, an der Kreuzung links abbiegen und nach wenig mehr als 1 km erreicht man Oberleinleiter und rechts die **Brauerei Ott**. Beim Ott (Vgl. Tour 2) gibt es ein sehr anständiges Helles, einen kleineren Biergarten im Hof an der Strasse. Im Sommer gibt es dort mitunter viele Fliegen; das ist lästig, ansonsten ist es sehr gemütlich.

Oberleinleiter-Huppendorf (6 km)
Von dieser ersten, verdienten und vom Ott belohnten Rast, geht es auf dem „Burgenradweg" (BR) und der „Fürstbischöfliche Tour" (FBT) Richtung Tiefenpölz. Die Strasse am Wanderparkplatz verlassen und durch das schöne Leinleitertal hoch fahren. Nach ca. 4 km erreicht man Geisdorf. Auf der FBT bleiben und nach Laibarös radeln. Hier geht es zeitweilig wieder gut abwärts. In Laibarös rechts auf die Strasse nach Hollfeld einbiegen, hinter dem Ort links auf einen Wanderweg, der

hier gleich dem BBT ist. Es geht sanft bergauf, der Weg ist nicht so gut befahrbar, weil teilweise spurrillig und nur geschottert. Nach ca. 2,5 km erreicht muf Huppendorf. Kurz eine Rampe in den Ort abfahren, gleich rechts und dann liegt links die **Brauerei Grasser**. Der Grasser hat einen schönen Biergarten, bietet ein leckeres Dunkles und gutes Essen. Eine prima Station für einen Mittagshalt, und wie Sie als Leser dieses Radwanderführers merken werden, eine der vielfach und gern besuchten Adressen, auch gut für Übernachtungen.

Auf dem Assenberg über Tiefenstürmig – Obacht, es wird geschossen…

Huppendorf-Heiligenstadt (10 km)
Vom Grasser links hoch, dann rechts auf die Strasse nach Hohenpölz. An der Kreuzung zunächst rechts auf die Strasse und nach knapp 2 km rechts auf einen Flurweg. Diesem Weg, der lange durch Felder und Wälder geht, bis nach Brunn folgen. In Brunn eine 90°-Kurve fahren, nach ca. 100m wieder rechts auf den Flurweg. Dort immer geradeaus bleiben bis muf auf die Strasse kommt. Dort rechts nach unten abbiegen. Es beginnt eine längere, teilweise steile Abfahrt. (wer möchte, kann nach wenigen 100m, rechts zum Schloss Greifenstein abbiegen). Die Strasse mündet unten auf die Hauptstrasse, links wartet Heiligenstadt. Im Ort auf den Dorfplatz rechts abbiegen. Die **Brauerei Aichinger** bietet nur einige Tische und Plastikstühle vor der Tür. Das Bier ist ein leckeres, eher helleres – goldfarbenes -, mit einem eigenen Geschmack, der lange nachhält.

Heiligenstadt-Ebermannstadt (12 km)
Links hinter dem Aichinger beginnt der Leinleiterradweg (firmiert sowohl hier als FT als auch als BBT), der auf der alten aufgelassenen Bahntrasse, durch das schöne

Leinleitertal über Traindorf zunächst nach Veilbronn führt. Von dort geht es gemütlich, immer ganz sanft abwärts über Unterleinleiter bis nach Gasseldorf. Dort auf dem Radweg bleiben, die Strasse kurz queren und rechts weiter nach Ebermannstadt (auch Brauerei Sonne) im Wiesenttal. Vor der Stadt an der Kreuzung links, gleich am Supermarkt wieder rechts und muf fährt durch die „Fußgängerzone" über den Hauptplatz direkt auf den **Schwanenbräu** zu. Dort im Biergarten vor dem Hotel sitzt es sich gut, das Bier ist ein klassisches Dunkles. Ab dem späteren nachmittag (17.00) hat der Schwanenbräu an der Wiesent auch einen Keller.

Ebermannstadt-Weigelshofen (10 km)
Als wären es am vormittag noch nicht genug Berge gewesen, beginnt nun die letzte Etappe mit langem, langem Anstieg auf die „Lange Meile". Dazu vom Schwanenbräu durch Gassen zurück auf die Hauptstrasse. Ungefähr in der Mitte des Ortes führt rechts die Strasse nach Buttenheim, darauf einbiegen. Die Steigung ist in Ebermannstadt mit 2-3% noch bequem fahrbar, hinter der Stadt geht es kontinuierlich über 6-7 km - nun steiler - auf der Strasse bergan. Hinter der Abzweigung nach Eschlipp noch weitere ca. 2 km bis auf die Höhe (wieder über 500hm). Von dort geht es in zwei Serpentinenkurven steil bergab bis muf nach ca.1 km links nach Drügendorf abfahren kann. Von Drügendorf (Brauerei Först) links hoch, an der Kirche vorbei auf die kleinere Strasse nach Drosendorf, von dort auf dem Flurweg durch Maisfelder und Obstgärten nach Weigelshofen. Der Pfister liegt links ungefähr nach der Hälfte des Ortes. Geschafft...in jeder Beziehung. Es ist 17.00. Der Weg war lang mit 53 km und vielen Anstiegen und echten Belohnungen.

War mal der Boden eines Meeres...Kreidefelsen in der Fränkischen

7. Rund ums Walberla

Kompass Fahrradkarte3096 Fränkische Schweiz, Kulmbach, Bayreuth

Weigelshofen-Leutenbach-Thuisbrunn-Hetzelsdorf-(Forchheim)-Weigelshofen (50 km)

Weigelshofen-Leutenbach (19 km)

Auch diese Tour ist für Bergziegen. Belohnung für die Anstrengungen sind drei wunderbare Einkehrschwünge in der Fränkischen, dem Gebürg. Um 9.30 gestartet zunächst auf den Radweg nach Eggolsheim. Dort vorbei an den Sportplätzen auf den BBT, dieser wenig befahrenen Strasse ca. 3 km folgen. Obacht, gegen Ende dieser Strecke geht der Radweg durch einen Wald bergab und mündet auf einer Strasse, die es zu überqueren gilt. Hier führt der Flurweg als „Burgenstrasse Radweg" (BR) weiter durch Wiesen nach Forchheim. Die Stadt, Höhe über Meeresspiegel 265m, bis zur Hauptkreuzung bis zur Abzweigung an der Kreuzung in die Fränkische Schweiz folgen, dann links über die Bahnbrücke und dahinter rechts auf den BBT. Diesem parallel zur Hauptstrasse bis kurz vor Reuth folgen, auf dem BBT bleiben und die Wiesent überqueren. An der Wegkreuzung rechts Richtung Wiesenthau fahren. Aus dem Wiesenttal geht es in Wiesenthau teilweise heftig bergan bis nach Schlaifhausen. Links liegt der heilige Berg der Fränkischen, das Walberla. Wir fahren sozusagen drumrum. In Dietzhof (Brauerei Alt) links noch knapp 1 km nach Leutenbach zur **Brauerei Drummer**. Dort gibt es im Biergarten zur Stärkung für die kommenden Aufgaben ein kräftiges Dunkles. Wir fahren nach Umtrunk weiter.

Leutenbach-Thuisbrunn (8 km)
Die zweite Etappe - das Mittagessen muss erst noch verdient werden - ist eine für Bergtrikot-Aspiranten. Vom Drummer geht es ca. 200m zurück Richtung Dietzhof, dann geradeaus auf einen Flurweg. Nach ca. 1 km links abbiegen. Wir sind wieder auf dem BBT. Nun beginnt ein eher kurzer aber sehr steiler Anstieg mit ordentlich Steigungsprozenten, zunächst noch durch Kirschgärten, wenig später im Wald. Auf rund 2 km werden fast 200 Höhenmeter erklommen, bis die Steigung in Ortspitz endet.

Der Namensgeber des Elch-Bräus in Thuisbrunn

Hinter dem Ort links auf die Strasse, es geht weiter – leichter, viel leichter – bergan, wir sind auf ungefähr 500 Höhenmetern im Wald, dann auf der Strasse abfahren über Haidhof und noch weiter bis nach Thuisbrunn. Über dem Ort liegt majestätisch die Burg. Im Ort rechts halten, am Ende liegt rechter Hand der **Elchbräu**. Im Gastraum hängt ein ausgestopfter, namensgebener Elchkopf. Die noch junge Brauerei, früher Gasthof Seitz, hat links einen Biergarten, bietet gute fränkische Küche und ein sehr leckeres Dunkles (Vgl.Tour 24).

Thuisbrunn-Hetzelsdorf (7 km)
Vom Elch zunächst durch Thuisbrunn zurück, dann rechts auf die Strasse nach Egloffstein. Nach kurzem leichten Anstieg und ebenso kurzer Abfahrt, nach ca. 2 km, links geradehoch auf einen Flurweg. Dieser führt – zur Orientierung – unter den Strommasten entlang eines links liegenden Waldes nach kurzer ebener Strecke

auf einmal kurz und knackig, weil geschottert und nur ein Traktorweg, hoch. Oben wird der Weg leicht abschüssig und geteert und erreicht Egloffsteinerhüll. Er führt vorbei an zwei, drei Häusern. Wir fahren jedoch gerade über die (Obacht!) Strasse hinweg, wieder auf einem Feldweg, der nach knapp 1 km in den Wald führt. Rechts unterhalb des Weges ist wenig später ein Zaun zu erkennen, der den Wildpark Hundshaupten nach oben begrenzt. Mit ein wenig Glück kann man Rotwild sehen. Der Feldweg mündet schließlich kurz danach auf die Strasse, wo wir rechts abbiegen – wieder auf den BBT. Wenig später durchfährt man abwärts Hundshaupten, bleibt auf der Strasse nach Pretzfeld, erklimmt eine letzte kurze Steigung hinter dem Ort. Auf den folgenden 2 km liegen rechts und links Kirschgärten. Am Ortseingang von Hetzelsdorf geht es sehr steil bergab. Auf der Höhe der Kirche, dem „Hetzelsdorfer Dom" liegt rechts die **Brauerei Penning-Zeißler**, bis heute quasi unser „Zweites Zuhause". Bei Karl-Heinz und Reinhard Penning gibt es eines der besten Biere der Fränkischen, der Gasthof ist weit über die Region hinaus bekannt und zurecht beliebt. Unter der Kastanie auf der Terrasse sitzt es sich im Halbschatten am Besten.

Bei Penning-Zeißler auf der Terrasse

Hetzelsdorf-Weigelshofen (16 km)
Nur schwer trennt man sich vom kupferfarbenen Penningbier (Nicht so schlimm, wir kommen immer wieder…Seit 25 Jahren enden unsere Wander- und Radtouren hier mit einem sonntäglichen Mittagessen als Kehraus), ein - auf den ersten Blick eher unscheinbarer aber - magischer Ort zum Festsitzen. Vom Penning-Zeißler

geht es teilweise steil bergab. In Poppendorf macht der Weg eine Kurve durch den kleinen Ort. Immer entlang von Kirsch- und Apfelgärten führt die Strasse weiter nach Hagenbach und von dort auf der Strasse links (mit kurzem Radweg) nach Pretzfeld (Brauerei Nikl). Durch den Ort hindurch, über die Bahnbrücke und die Wiesent geht es Richtung B470. Diese überqueren und dann auf dem BR links nach Weilersbach.

Fränkische Schweiz ist Kirschenland

Dort im Ort rechts hoch auf die Strasse nach Eggolsheim. Ja, es folgt ein langer und teilweise steiler Anstieg bis auf ca. 450 Höhenmeter (Alternative: wer schon genug Berge (oder Bier vom Penning) hatte, kann auf dem BR bleiben und über Kircheh-renbach und Reuth zurück nach Forchheim und von dort retour auf der gleichen Strecke wie heute zu Beginn nach Eggolsheim und Weigelshofen fahren). Die Stras-se steigt bis ca. 2 km hinter Weilersbach an, führt dann über Rettern bergab bis nach Kauernhofen. Dort die Strasse im Ort rechts Richtung Kirche verlassen und wieder auf den BBT. Der Radweg geht als Flurweg bis zum Ortseingang von Wei-gelshofen, und ca. 300m dahinter befindet sich die Einfahrt der **Brauerei Pfister,** Start und Ziel. Voila.

Es ist 17.00. Die Strecke beträgt in Summe 50 km. Viele gehen bergan, demnach genau so viele bergab... Die Mühe wird belohnt durch die besonderen Ein-kehrschwünge beim Elchbräu und beim Penning-Zeißler, zwei der lohnenswertes-ten Halte in der Fränkischen.

8. Über den Geisberg (mit Alternative am Ende)

Kompass Fahrradkarte 3096 Fränkische Schweiz, Kulmbach, Bayreuth

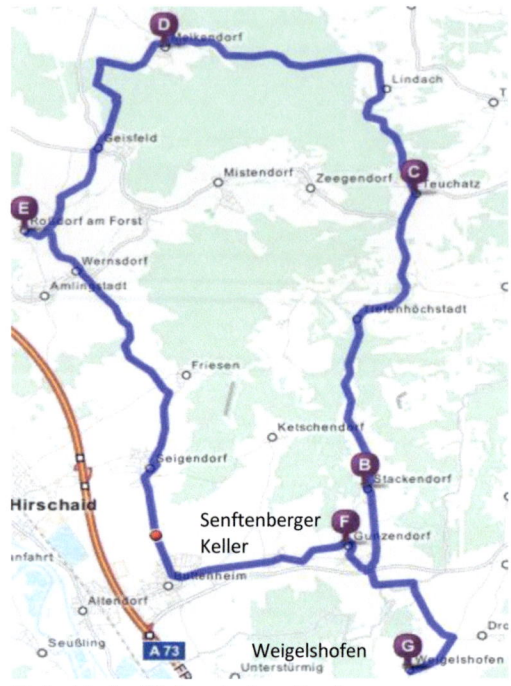

Weigelshofen-Rossdorf (27 km)

Vom Pfister gegen 9.30 gestartet. Die Strecke führt zunächst über Flurwege nach Gunzendorf. Es ist zielführend, zunächst Richtung Drosendorf auf der Strasse zu bleiben und dann am Ortseingang links auf die ausgeschilderte FT einzubiegen. Dann geht es erst mal kurz bergauf. In Summe nach ca. 4 km am oberen Ende von Gunzendorf ist eine Brücke über die Bundestrasse, danach der Beschilderung des Radweges nach Stackendorf folgen. Der Radweg ist ausgebaut bis zum pittoresk schönen Frankendorf (ehemaliger Bundessieger bei „Unser Dorf soll schöner werden").

Weigelshofen(E)-Rossdorf am Forst-Senftenberger Keller /Gunzendorf (Drügendorf)-Weigelshofen (45 km; 47 km)

©2015 MapQuest - "Map data © OpenStreetMap and contributors.

Hinter Frankendorf der Strasse nach Tiefenhöchstadt folgen. Das ist ein richtig fieser und ca. 3 km langer Anstieg. In Tiefenhöchstadt Luft holen, danach die restlichen 3 km Steigung (wird oben raus flacher) nach Teuschatz absolvieren. Im Sattel an der großen Linde und an der Kreuzung vor Teuschatz öffnet sich ein schöner Ausblick durch den Wald bis nach Bamberg. Vor dem Ort links auf einen Flurweg abbiegen. Nach kurzem Anstieg kommt man bei den Sportplätzen oberhalb des Ortes raus. Linker Hand auf dem Feldweg bleiben. Nach kurzer gerader Strecke geht es in den Wald und abwärts. An der Kreuzung **zunächst geradeaus**, und dem ersten Flurweg – nach der Kreuzung rechts/geradeaus folgen. Es geht wieder leicht bergauf, immer in einem sehr schönen Wald. Einzige Geräusche sind Vogelzwitschern, Spechtgehacke und ggf. das eigene Schnaufen. Der Weg zieht sich ein wenig im Geisdorfer Forst. Muf erreicht nach ca. 2,5 km eine weitere Kreuzung. Dort rechts und nach nur ca. 50 m wieder links. Nun auf diesem Weg konsequent bleiben. Er führt den Geisberg komplett abwärts, verjüngt sich zwischendurch bis auf Wanderpfadbreite, wird unten heraus wieder breiter und mündet auf einen geteerten Weg. Dem nach rechts folgen. Nach ganz kurzer Strecke kommt man aus dem Wald. Melkendorf liegt unter uns. Wir fahren den Weg abwärts. Im Ort halten wir uns auf der „Otterbachstrasse". Aus dem Ort unten geht es nun wieder den Hang auf einer geteerten Strasse hoch und dann immer geradeaus Richtung Geisfeld. Nach noch einigen kleineren Wellen im Wald, der Weg wechselt zwischendurch von Teer zu einem breiten Waldweg, erreicht muf nach wenig mehr als 2 km den oberen Rand von Geisfeld. Auf die Strasse, an der Kreuzung rechts und kurz danach wieder links vorbei an der Brauerei Griess. Von dort vorbei am Griesskeller abfahren bis zum Sportplatz in Rossdorf. Dort auf die Strasse, direkt rechts abbiegen und dann steht muf nach ca. 200 Metern rechts vor der **Brauerei Sauer**. Wie auch in Tour 20 beschrieben gibt es beim Sauer sowohl gut zu Essen als auch zu trinken, Dunkles und Helles; insbes. am Wochende ebenfalls einen Kellerbetrieb.

Rossdorf-Senftenberger Keller, Gunzendorf (altern. Drügendorf) (14 o. 16 km)
Vom Sauer zurück Richtung Sportplatz, dort geradeaus hoch und über die Kuppe nach Wernsdorf. In Wernsdorf weiter nahezu geradeaus auf die Strasse nach Seigendorf und Buttenheim. Es geht mehrere Kilometer bergauf – Buße für das gute Mittagessen. Auf der Höhe von Friesen (früher Brauerei Brütting) endet zunächst der Anstieg, wir fahren rund 1,5 Kilometer ab bis Seigendorf, durchqueren es. Am Ortsausgang noch eine unterschätzte kurze, giftige Steigung. Danach mehrere Kilometer auf sanft abschüssiger Strasse bis nach Buttenheim (St.Georgenbräu, Löwenbräu) rollen. In der Levi-Strauss-Stadt links nach Dreuschendorf einbiegen. Dieser sehr wenig befahrenen Strasse durch Dreuschendorf folgen, wenige hundert Meter dahinter links auf die Strasse nach Gunzendorf abbiegen. Es geht wieder bergan – und wenn muf es genau betrachtet – sogar von Gunzendorf aus ziemlich... In Gunzendorf folgt muf links der Beschilderung zur Senftenberger Kapelle und zum Keller. Nach einem kurzen Stück im Wald steigt der gepflasterte Weg bis zur Kapelle richtig steil an. Es kumuliert vor dem Keller in einer betonierten Rampe (neben einer Treppe mit Geländer), die nur wenige Radfahrer auf dem „Bike" nehmen. Ich schiebe und bin froh auf dem **Senftenberger Keller** (früher Brauerei Sauer) angekommen zu sein. Dieser ist vornehmlich am Wochenende geöffnet und ein beliebtes Anlaufziel für Mountainbiker und Wanderer. Der Blick schweift weit übers Tal bis zur Langen Meile. Der Biergarten ist weitläufig, auch bei Betrieb gibt's Platz, das Bier ist ein klassisches Kellerbier und wird direkt aus demselben nach alter Tradition aus dem Fass geboten.

(Alternativ kann man auch von Dreuschendorf kommend auf der unteren Strasse nach Gunzendorf bleiben, den Ort durchfahren, am hinteren Ende einen Hang hoch und am Ende der „alten Strasse" auf die neue einbiegen. Nach ca. 2 weiteren Kilometern auf der Strasse erreicht muf Drügendorf. In den Ort links abbiegen, dann nach ca. 150 Metern liegt rechts erhöht die **Brauerei Först**. Der Först hat ein leckeres Dunkles, das typische Bier der Fränkischen. Von dort links, links an der Kirche vorbei auf einen kleineren Verbindungsstrasse nach Drosendorf, von dort abwärts zurück nach Weigelshofen; ca. 4 km)

Senftenberger Keller-Weigelshofen (5 km)
Vom Keller zurück bis nach Gunzendorf downtown, dort dem BBT folgen, an der Kreuzung vor Drosendorf rechts und nach Weigelshofen zurück rollen. Mit steilem Berg zu Beginn und welligem Gelände danach hat die Tour bis 16.30 gedauert, also ca. 7 Std. bei drei Einkehrschwüngen. Eine schöne Schleife an der Westkante der Fränkischen Schweiz.

Unter der großen Linde: Der Biergarten von Pfisters in Weigelshofen

9. Ins Coburger Land
Kompass Wandern, Rad 165, Nördliche Fränkische Schweiz

Reundorf-Birkach   am   Forst-Sesslach–Herreth-Nedensdorf-Reundorf   (51km)

Reundorf-Birkach am Forst (10 km)

Zwischen Staffelstein und Lichtenfels liegt Reundorf, zur einen Seite schaut muf auf Vierzehnheiligen, auf der anderen Seite über dem Maintal thront Kloster Banz. Vom Gasthof Müller in Reundorf, weithin bekannt als Radfahrerfreundliches Quartier auf dem Main-Radweg und durch die Spezialität des Hauses – extraordinäre Windbeutel – beginnt die Fahrt um 9.30. Zunächst führt der Weg links aus dem Ort Richtung Lichtenfels um gleich dahinter links über eine Holzbrücke den Main zu queren. Nach ca. 1 km erreicht muf Weingarten und fährt steil hoch aus dem Maintal. Oben den Weg nach Stetten einschlagen. Es geht wellig dahin. Hinter Tiefenroth einer Nebenstrasse nach Birkach a.F. über die B289 folgen. Hinter der Brücke führt die Nebenstrasse abwärts nach Birkach am Forst. Der Blick geht weit über das Itztal, rechts am Horizont ist die Feste Coburg zu sehen. Obacht: Bei starken Regenfällen kann der direkte Weg vorbei an den Fischteichen überschwemmt sein (im sog. Sommer 2013 war das so). Dann wird die Strecke zum Abenteuer und mitunter liegt ein verirrter Fisch auf dem Flurweg…Im Ort unten residiert rechts hinter einer Kurve die **Brauerei Eller**, unser erster Halt des Tages. Der Eller, ein in der Ansicht unscheinbarer Gasthof mit Terrasse und eher dunklem, wenig einladendem Gastraum, hat ein sehr feines Bier, genannt „Rotes", das vormittags schon ausgezeichnet mundet.

Birkach am Forst-Sesslach (16 km) Vom Eller auf die Strasse nach Obersiemau und dann nach Untersiemau einbiegen. Hier durch den Ort einen Weg über die Itz nach Scherneck suchen. Angekommen, nach links fahren auf einer

Vor den Dürrejahren…River of return, bei Birkach im „Frühsommer" 2013

Landstrasse Richtung Gossenberg Es geht bergan, teilweise spürbar. Vor Gossenberg rechts auf einen Radweg, der zunächst noch mal hochführt. Diesen geradeaus bis nach Krumbach radeln. Dort rechts der Beschilderung des Radweges nach Sesslach folgen.

So wie es zuvor rauf ging, rollt es nun wieder bergab. Am Ortseingang nicht auf den Radweg links einbiegen (geht auch, führt am Schloß vorbei). Stattdessen noch ein wenig die Strasse runter, in der Kurve links in die Altstadt durch ein kleines Stadttor fahren. Im pittoresken alten Fachwerkstadtkern nach ca. 200m rechts und wir gelangen auf den Marktplatz mit seinen vielfältigen Einkehrmöglichkeiten.

Diätetisches Mahl in Sesslach

(Vgl. Touren 12,22) Von der Kommunbrauerei der Stadt sind als Ausschenkende das **Gasthaus Reinwand** und der **Rote Ochse** übriggeblieben. Heute entscheiden wir uns für den roten Ochsen, der das gute, dunkle Sesslacher Kommunbräu ausschenkt – und gutes, fränkisches Essen in Lichtgeschwindigkeit serviert. Empfehlenswert ist ohne Wenn und Aber das Schäuferle.

Sesslach-Herreth (15 km)

Vom roten Ochsen weiter durch das Stadttor über die Rodach auf den Radweg nach Heilgersdorf fahren. Es geht ca. 1 km leicht hoch, genau so viel danach bergab. Von Heilgersdorf (Brauerei Scharpf) immer sanft abwärts über Memmelsdorf – hier geht es kurz hinter einem Industriewerk hügelan -nach Untermerzbach strampeln. Dort entweder über die Strasse und Itzbrücke nach Kaltenbrunn; oder, landschaftlich viel interessanter, links auf den Thermen-Radweg (TR) vorbei an Gehöften und einem Schloss durch die Itzauen. In Kaltenbrunn (Brauerei Schleicher, nur abends geöffnet) weiter auf dem TR Richtung Lohhof. Hinter dem Weiler den TR verlassen und hoch nach Herreth fahren. In Herreth wartet die ehemals ehemalige **Brauerei Stirnweiß**. Nach ca. 10 Jahren Pause sieht es so aus, als ob der Stirnweiß wieder selbst braut. Gegenwärtig, so die Kunde aus Erzählungen und Internet, braut der Sohn nach Familienrezept wieder für die eigene Dorf-Gastwirtschaft. Das Bier ist ein Dunkles und schmeckt jedenfalls vorzüglich auf der Terrasse. Vielleicht ist dies bald wieder ein mehr besuchtes Haus. Warten wir es ab, oder besser noch: fahren Sie mal hin und probieren Sie das Bier.

Herreth-Nedensdorf (3km)

Nur ein Katzensprung vom Stirnweiß ist es nach Nedensdorf. Dazu fährt muf aus dem Ort Richtung Unnersdorf. Nach ca. 2 km biegt links die Strasse nach Neubanz und Kloster Banz ab. (Obacht: Wer sich für diesen Weg entscheidet wählt Kultur, Schönheit und eine etwa 800m lange schweißtreibende Rampe zum Kloster hinauf. Von dort kann muf über Weingarten und den Main nach Reundorf zurückkehren). Wer nicht so sportiv und kulturinteressiert veranlagt ist, fährt an der Kreuzung rechts steil hinunter ins Maintal nach Nedensdorf zur **Brauerei Reblitz**. Das ist ein großes, unter der Woche erst nach 16.00 geöffnetes und wie uns schien, ambitioniertes Haus. Zu trinken gibt's ein schmackhaftes Dunkles, daneben ein Weizen und ein Rauchbier. Alle drei sind diesen Abstecher wert. Beim Reblitz kann muf auch übernachten.

Nedensdorf-Reundorf (7 km)

Vom Reblitz auf dem Radweg nach Unnersdorf fahren, den Main überqueren, nach ca. 300m links über die Strasse auf den Radweg nach Schönbrunn. Von dort sind e

noch 2 km auf dem Main-Radweg (MR) nach Reundorf und zurück zum Gasthof Müller. Es ist 17.00, 51 km und ca. 7,5 Std. Fahrzeit liegen hinter uns. Zu trinken bietet der Müller, der selbst nicht braut, Allerweltsbier vom Leikeim, Rauchbier vom Bamberger Schlenkerla, und das leckere Dunkle vom Scharpf aus Heilgersdorf.

Zur Abrundung der Diät ein ordentlich dimensionierter Windbeutel

Das Essen ist außergewöhnlich gut und vielfältig, die Wirtsleute zuvorkommend. Wie wäre es z.B. mit einer halben Ente (vorbestellen; geht nur paarweise - zwei halbe machen eine ganze Ente...) und danach...einem Windbeutel? Darauf schwören die vielen Gäste, nicht nur Radfahrer.

10. Aischgrund mal anderslang

Kompass Fahrradkarte 3082 Bamberg Haßberge Steigerwald

Weigelshofen (E)-Röttenbach(B) -Neuhaus(C)-Stiebarlimbach-Weigelshofen (59 km)

Die Tour beginnt mit längeren Fahrstrecke bis zum ersten Halt, gefolgt von einer kurzen Etappe bis zur Mittagspause. Danach führt der Weg zum großen Keller von Stiebarlimbach, bevor es zurück nach Weigelshofen geht.

Weigelshofen-Röttenbach (25 km)
Vom Pfister um 9.30 gestartet. Langsam nach Eggolsheim einrollen. Am oberen Ende von Eggolsheim hinter dem Sportplatz auf den Weg nach Bammersdorf auf die vielfach zitierte „Brauerei und Keller-Tour" (BBT) abbiegen. Dem Radweg bis nach Forchheim in die Altstadt folgen. Hinter dem Pfalzmuseum die Brücke über die Autobahn und den Main-Donaukanal nehmen. Danach links an den Kanal auf den „Aischtal-Radweg"(AR). Auf dem Radweg bis auf die Höhe von Baiersdorf bleiben – das sind in Summe ca. 18 km. An der Kreuzung rechts nach Röttenbach den Radweg parallel zur Strasse nehmen. Es geht leicht bergauf, dies aber über eine längere Strecke von ca. 4 km. Oben abfahren nach Röttenbach. Der verpachtete Keller der **Brauerei Sauer** liegt links, ziemlich am Anfang des Ortes an einer abschüssigen Stelle - und einkehren. Als Bier gibt es – wundersamer Weise - ein Keller und die üblichen Brotzeiten. Am Wochenenden und Festtagen wird warm aufgekocht.

Röttenbach-Neuhaus (5 km)
Nach dieser Möglichkeit zum Frühschoppen weiter abwärts in den Ort, über eine Kreuzung geradeaus hoch. Hinter einem Wohngebiet geht es nach ca. 1 km in den Wald, dort an einer Wegkreuzung dem Schild „Felsenkeller" leicht rechts folgen. Nach weiteren knapp 2 km erreichen wir als zweiten Halt und Mittagspause den Keller der **Brauerei Zum Löwenbräu, Neuhaus.** (Wem das alles zu schnell geht, kann in Röttenbach an der Kreuzung nach links fahren, folgt dann dem „Fränkischer Karpfenradweg" (FKR), überquert auf einer Brücke die A3 und fährt entlang von kleineren Seen über Popperswind nach Neuhaus, dann allerdings wieder ca. im Ort 1 km leicht bergan bis zum Keller. Dieser Weg ist rund 12 km weit). Der Felsenkeller der Brauerei Zum Löwenbräu liegt schön und schattig im Wald. Es gibt den erwartbaren Speis – Brotzeiten und Schnitzelvarianten - und Trank. Bemerkenswert ist der Bratwurstsalat; ungewöhnlich mit warmer Bratwurst, aber lecker und gerne gewählt, wie der Blick in das Rund der zahlreichen Gäste zeigt. Als Bier ein Lager, hervorzuheben auch ein gut trinkbares Weizen mit Namen „Karpfenweisse".

Neuhaus- Stiebarlimbach (12 km)
Vom Felsenkeller geht es zunächst abwärts durch Neuhaus, dann rechts auf den FKR. In Adelsdorf entweder über Aisch oder Uttstadt auf den „Aischtalradweg" (AR), dann rechts. Wir fahren über Lauf nach Haid. Am Ortsende von Haid links abbiegen. Zur Orientierung: da ist rechts von Bäumen verdeckt ein kleiner See.

Der Sauer Keller in Röttendorf

Nach wenigen hundert Metern rechts bleiben. In etwas mehr als 2 km taucht Stiebarlimbach auf. Einbiegen auf den Fahrweg zum Keller, vorbei an den in ihren Dimensionen an das Westfalenstadion in Dortmund erinnernden Parkplätzen und schon steht man als drittem Halt vor dem großen Kellerbetrieb der **Brauerei Roppelt**. Hier gibt es ein – erfahrene Festsitzer sagen zu süffiges Kellerbier, ferner ein Weizen. Daneben fränkische Kellerspeisen in den üblichen Varianten, warm und kalt.

Stiebarlimbach-Weigelshofen (17 km) Vom Roppelt nach kurzem Flurweg fahren auf dem BBT - Radweg über Hallerndorf (Dorfkeller der Brauereien Lieberth und Rittmayer), Über Trailsdorf, Schlammersdorf (Keller der

Bratwurstsalat, sehr empfehlenswert

Brauerei Witzgall) und Neuses geht es nach Eggolsheim Von dort am oberen Ortsausgang zurück nach Weigelshofen.

11. Durch das Kleinziegenfeldertal
Kompass Wandern, Rad 165 Nördliche Fränkische Schweiz

Bild 36   Reundorf-Weismain-Schrepfersmühle-Schederndorf-
Reundorf (68 km) ©2015 MapQuest - "Map data © OpenStreetMap and contributors.

Reundorf-Weismain (28 km)
Vom Müller in Reundorf (9.30) geht es zunächst auf dem Radweg nach Lichtenfels.
Fahren Sie einfach durch die Stadt, irgendwann beginnt in Oberwallenstadt (Braue-
rei Wichert) die Beschilderung des Main-Radweges (MR). Dann sind Sie richtig und
folgen dem MR über Michelau, Schwürbitz, Hochstadt und Strössendorf bis nach
Altenkunstadt (Großbrauerei Leikeim). Hier verlassen wir den MR und biegen
rechts auf den „Kleinziegenfelder Radweg" ein, der auch als „Obermain-
Frankenwald-Tour" firmiert. Egal wie, beide führen durch das Tal der Weismain,
zunächst bis in den gleichnamigen Ort zur **Brauerei Obendörfer**. Diese ehemalige
Brauerei, mit schönem Biergarten und von Dörflern besuchten, dunklem Gastraum,
läßt ihr Bier beim **Püls-Bräu** herstellen. Zu trinken gibt es ein Obendörfer Pils, das
wie ein normales und ganz gut schmeckendes Helles daherkommt.

Weismain-Schrepfersmühle (7 km)
Vom Obendörfer durch Weismain weiter dem Radweg durch das Kleinziegenfeldertal folgen. Nach ca. 6 km erscheint der Gasthof Weihersmühler, der, zumindest
2013, verlassen daliegt. Darum fahren wir noch etwa 1 km weiter zur Schrepfersmühle, die links unterhalb der Strasse liegt. Das Etablissement ist viel besucht, zu
trinken gibt's Bier vom Grasser aus Huppendorf.

Schrepfersmüh-
le-Schederndorf
(8 km)

Der Weg nach
Schederndorf ist
dem Grunde
nach nicht weit,
hat es aber in
sich, weil muf
aus dem Klein-
ziegenfelder Tal
hoch auf das
Plateau der
Fränkischen
muss.

Gasthaus Obendörfer in Weismain

Dazu von der Schrepfersmühle auf den Radweg, der hier gleich der eher mehr befahrenen Strasse ist, bis auf die Höhe der Diebelshöhle fahren. An einer Kreuzung
kurz danach Richtung Grossziegenfeld abbiegen. Es geht – teilweise steil – bergan.
Oben angelangt, schauen manche wirr wie „Männer, die auf Grossziegenfeld star-
ren". Von dort nach Pfaffendorf und nach ca. 300m dahinter rechts auf den Radweg einbiegen. Es ist die „Fürstbischöfliche Tour (FT), die nach etwa 2 km Schederndorf und die **Brauerei Will** erreicht. Der Will hat in einem schönen Biergarten
nicht nur eines der besten Biere der Fränkischen; wer schon wieder Hunger verspürt, dem sei der Ziebelskäs mit Schinken, halb und halb, empfohlen (Vgl Tour 3).

Schederndorf-Reundorf (25 km)
Vom Will gehen zwei Wege nach Wattendorf. Zum einen wellig über die Strasse
und Gräfenhäusling, zum anderen und ohne Strassenverkehr zunächst auf dem
„Thermenradweg" (TR), und dann nach ca. 3 km im Wald links nach Wattendorf
(Brauereien Hübner und Dremel, Vgl. Tour 24). Hier steil abwärts Richtung Schesslitz und an der Kreuzung unten scharf rechts auf die Strasse nach Staffelstein einbiegen. Es geht in zwei Serpentinen kurz bergan. Ab Kümmersreuth dann steil
bergab bis nach End. Geschwind über Schwabthal und Frauendorf (Brauerei Hetzel)
führt der Weg bald nach Stublang (Brauereien Dinkel und Hennemann). Dann abwärts über Loffeld (Staffelbergbräu) nach Bad Staffelstein und dort auf dem Radweg Richtung Lichtenfels nach Reundorf zurückfahren.

12. Von Wiesen an Main und Itz nach Seßlach

Wiesen- Ebing (16 km)
Von der Brauerei Thomann gegen 9.30 aufgebrochen, geht es zunächst über die Mainbrücke und dann rechts auf den Main-Radweg (MR). Diesem über Niederau, Ebensfeld und Unterleiterbach bis nach Zapfendorf folgen. Hier macht der MR einen Knick nach rechts und nach ca. 1,5 km geht es links auf einen Flurweg, der nach weiteren ca. 2 km Ebing erreicht. Den **Schwanenbräu** der Familie Hübner finden Sie auf einem größeren Platz und dort linker Hand. Es gibt ein leckeres Dunkles in der Gaststätte mit ebenso dunkler wie schöner Holzdecke. Alternativ können Sie im überdachten Hof im Biergarten sitzen. (Vgl. Touren 17,20).

Wiesen-Ebing-Freudeneck-Sesslach-Wiesen (57 km)   ©2015 MapQuest - "Map data © OpenStreetMap and contributors.

Ebing-Freundeneck (4 km)
Vom Schwanenbräu geht es entlang der Hauptstrasse nach Rattelsdorf, runter ins Itztal und über eine Brücke von dort durch Höfen (Brauerei zum Goldenen Adler) zur **Brauerei Fischer** nach Freudeneck downtown, ca. 15 Häuser. Der Fischer schenkt ein helles Lagerbier aus, das in Farbe und Geschmack zwar sehr zum vorherigen Bier kontrastiert, aber deshalb nicht minder gut schmeckt.

Freudeneck-Sesslach (20 km)
Nach zwei Halten so kurz hinternander möchte das Mittagessen sich erst noch verdient werden. Dazu schlagen wir uns entlang der Itz über Mürsbach (Sonnenbräu) Gleusdorf und Untermerzbach auf dem „Burgenstrasse-Radweg" (BR) bis nach Memmelsdorf durch. Von hier fahren wir weiter auf dem BR über Heilgersdorf (Brauerei Scharpf) nach Sesslach. **Roter Ochse** oder **Gasthaus Reinwand** (Vgl. Touren 9 und 22).

Bei beiden gibt es das Sesslacher Kommunbräu. Wir nehmen wegen der wärmenden Sonne im Biergarten heute im Gasthaus Reinwand Platz, und lassen uns Bier und Braten schmecken.

Kerngeschäft des Schwanenbräu Ebing

Sesslach-Wiesen (17 km)
Wir verlassen Sesslach, den Marktplatz und Reinwands Anni durch die kleine Fußgängerzone auf der Strasse nach Kaltenbrunn, das wir nach

knapp 10 km erreichen (Brauerei Schleicher). Hier überqueren Sie die B4 und biegen rechts auf den „Thermenradweg" (TR) ein. Vorbei am Weiler Lohhof geht es leicht ansteigend bis nach Draisdorf und dort steiler empor bis auf den Sattel des Hügels. Von da rechts abwärts auf einem nichtgeteerten, teilweise nicht guten, nur grob gepflasterten Flurweg abwärts bis nach Wiesen und hier kurz links zur **Brauerei Hellmuth** auf ein Dunkles auf der Biergartenterasse, genannt Eierberg-Urstoff.

Danach zurück auf die Strasse und nach nicht mal 300m erreichen wir links fahrend unseren Ziel- und Ausgangspunkt, die Brauerei Thomann. Es ist 17.00. Hinter uns liegen zwei wunderschöne Flusstäler, eine Fahrt über 57 km durch das Maintal und den Itzgrund.

Gegenüber der Rote Ochse...im Biergarten des Gasthauses Reinwand

13. Von Viereth am Main zur Rauhen Ebrach

Kompass Fahrradkarte 3082 Bamberg, Haßberge, Steigerwald

Viereth-Reundorfer Schmausenkeller (25 km)

Fahren Sie vom **Brauerei-gasthof Bayer**, der Mainlust, direkt auf den Mainradweg (MR) Richtung Bamberg. Radeln Sie durch die Gaustadt, auch wenn es in unmittelbarer Nähe des Weltkulturerbes um die Rathausbrücke herum voll ist, auf einem Nebenradweg unmittelbar auf dem glei-chen – jetzt Regnitzufer – durch die Altstadt. Sie sind dann richtig, wenn Sie

Viereth-Reundorfer Schmausenkeller-Burgebrach-Weiher-Viereth (57 km)

©2015 MapQuest - Map data © OpenStreetMap and contributors.

durch den E.T.A. Hoffmann Park kommen, hier eine kleine Brücke nach rechts überqueren und im Stadtteil Bug landen. Überqueren Sie dann nach links erneut die Regnitz und biegen Sie rechts auf den Hauptradweg.

„Kleinvenedig" in Bamberg

Der führt Sie bis auf die Höhe von Strullendorf und rechts zur Fähre nach Pettstadt (Vgl. Tour 1). Nach Überquerung der Regnitz radeln Sie bitte durch Pettstadt (Schrauder-Keller am Hang Richtung Bug) auf der ehemaligen Bahntrasse bis zur Ab-zweigung nach Reund-orf. Hier nicht rechts in den Ort, sondern links leicht bergan und nach ca. 1 km erreichen

Sie den Schmausenkeller der **Brauerei Müller**, Reundorf. Zu Trinken gibt's ein mehr als ordentliches helles Kellerbier, zu Essen alles, was an Brotzeiten auf einem Keller üblich ist. Am Wochenende und Feiertagen wie Frohnleichnam wird aufgekocht. Wer es mag: Es wurde als wir zuletzt dort waren, Fisch gegrillt, Makrele.

Reundorfer Schmausenkeller-Burgebrach (12km)
Zunächst den gleichen Weg zurück abwärts rollen bis nach Reundorf rein. Dann links. Sie sind im Tal der Rauhenebrach und auf der Brauerei- und Bierkeller-Tour (BBT). Diese führt Sie über Vorra, Abtsdorf und Unterharnsbach bis nach Ober-harnsbach. Hier können Sie auf einem Radweg entlang der B22 bis nach Burge-brach fahren (oder dem BBT folgen und vor Grasmannsdorf links in die Kleinstadt kommen. Egal wie, in jedem Fall durch fahren Sie den Ort und suchen linker Hand die Abzweigung Richtung Treppendorf. Ungefähr 500m die Strasse hoch liegt links am Hang der „Schwana-Keller" der **Brauerei Gasthof Schwan**. Das Kellerbier ist le-cker, zu Essen gibt's die üblichen Brotzeiten sowie einige rustikale Gerichte wie Currywurst mit Pommes.

Burgebrach-Weiher
(18 km)
Vom Keller abwärts rollen, zurück durch Burgebrach Richtung Ampferbach durch, dann rechts, über die Brücke mit den sieben Heiligen (Vgl. Tour 1) und über Grasmanns-dorf (Brauerei Kaiser) auf der BBT nach Walsdorf radeln. Von dort über Kolmsdorf und Feigendorf nach Trabelsdorf (Brauerei

Rechts die Straße runter wird's gemeingefährlich

Beck), um hier rechts- auf die Strasse nach Weiher abzubiegen. Es geht echt unan-genehm hoch, oben ein wenig flacher, um dann im Wald dramatisch abzufallen. Seilen Sie sich besser an. Unten raus wird es flacher und Sie erreichen kurz danach links leicht von der Strasse erhöht den großen und zu recht stark frequentierten Biergarten der **Brauerei Kundmüller** in Weiher. (Vgl. Tour 24). Zu trinken eine brei-tere Palette der oft prämierten Biere. Das einfache helle Lagerbier schmeckt gut.

Weiher-Viereth (2 km)

Vom Kundmüller zurück zur Mainlust ist es gar nicht weit und es rollt quasi von alleine mehr oder minder durchgängig abwärts bis nach Viereth. Der Bayer hat ein gutes Dunkles als Standard. Im geschäftigen teilweise überdachten Biergarten mundet dies hervorragend. Das Essen ist solide Bratenküche, die Übernachtung ist eher rustikal, bei Preisen um 28,-€/Pers. + Frühstück jedoch sehr fair bei der Nähe zu Bamberg. Alles prima, wir kommen gerne wieder.

14. Noch mal im Steigerwald – Von Oberreichenbach nach Uehlfeld

Landesamt für Vermessung und Geoinfoformation, Bayern, UK50-9, Naturpark Steigerwald, südlicher Teil

Oberreichenbach-Gutenstetten-Uehlfeld-Linden-Oberreichenbach (49 km)

© OpenStreetMap contributors

Oberreichenbach-Gutenstetten (14 km)

Vom Brauereigasthof Geyer (Vgl. Tour 23) führt der Weg zunächst auf einer Nebenstrasse Richtung Tanzenhaid nach Hohholz und von dort über Göttelhof nach Altenblick. Überqueren Sie die B 470 und die Aisch nach Reinhardshofen und ein Radweg geht ab ab bis nach Gutenstetten und zur **Brauerei Windsheimer**, wo Sie ein gut trinkbares Helles erwartet.

Gutenstetten-Uehlfeld (21 km)

Fahren Sie nun auf dem Steinachtalradweg über Münchsteinach (Brauerei Loscher) bis nach Mittelsteinach. Biegen Sie hier nach rechts auf die Straße nach Abtsgreuth ein. Es geht sukzessive hoch, hinter dem Ort Richtung Altershausen bis auf die Höhe auch steiler. Vom Sattel bis in den Ort geht's bergab und hier rechts auf die Strasse nach Uehlfeld. Das ist ein Stück über Hohenmühle, Schonweisach und TRagelhöchstadt. An der Kreuzung vor Uehlfeld radeln Sie links in die kleine Stadt ein.

Demnächst viele Neugeborene...Störche in Uehlfeld

Zum **Brauereigasthof Zwanzger** biegt es im 90°Knick nach linlks Richtung Vestenbergsgreuth.Nach nur ca. 100m liegt rechter Hand der Gasthof mit Biergarten im Innenhof. Zu trinken breite Palette von verschiedenen Bieren, eins mit Namen 1639, dem Gründungsdatum des Hauses wird empfohlen. Zu Essen am Wochenende normale fränkische Speisekarte, interessant das Biertreberschnitzel.

...Alternativ zum Zwanzger – wenn in der Saison am Wochenende geöffnet ist – bietet sich immer der Keller der **Brauerei Prechtel** in Voggendorf an (Tour 26).

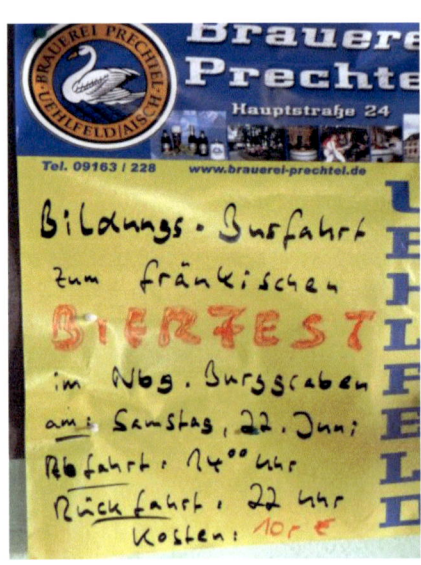

Reisen bildet

Dazu durch Uehlfeld durch fahren, dann rechts in den Ortsteil Voggendorf. Der Keller unter Robinien – selten – liegt schön am Ortsausgang Richtung Gottesgab. Nach der eingehenden Visitation des Kellers nebst Verkostung des Kellerbieres schlagen Sie auch in Richtung Gottesgab die Heimreise ein. Über Peppen-, Trais- und Arnshöchstadt radeln Sie in diesem Fall nach Rezelsdorf und von dort zurück nach Oberreichenbach. It`s also very beautiful...

Uehlfeld- Linden (5 km)
Vom Zwanzger geht's zurück auf die Straße bis nach Demantsfürth und ab da

über Flurwege und durch Karpfenteiche über den Weiler Göttelbrunn bis nach Linden und zum Rosenkeller. Der weithin bekannte Keller liegt schön am Hang mit Blick ins Tal. Regionales Bier aus Pahres, Hofmann; Windsheimer, Gutenstetten.

Die Rache des Aischgrüner Karpfens...Aua

Linden-Oberreichenbach (9 km)
Vom Rosenkeller suchen Sie bitte am Ortsausgang den Weg nach Kästel. Dort angekommen fahren Sie zunächst auf die Strasse nach Emelsdorf, um dann aber nach ca. 1km hinter Kästel links hoch abzubiegen.

Es steigt zunächst an und Sie erreichen im besten Fall nach ca. 3 km den Bauernhof Sintmannsbuch inmitten von Karpenteichen.Da bitte noch dran vorbei und wenige hundert Meter dahinter rechts auf einen Flurweg, der Sie – wenn Sie als Wegmarke wiederum durch eine erklecklische Anzahl von Teichen hindurch gefahren sind – zurück nach Oberreichenbach und im Ort rechts haltend zum Geyer bringt.

Geyer in Oberreichenbach

Der emsige Gasthof mit zuvorkommenden Wirtsleuten bietet alles, was das Herz begehrt, eine Standardübernachtung für zuletzt 40,-€ mit Frühstück, in der Saison Karpfen aus eigener Zucht, ansonsten eine breite und solide fränkische Speisekarte. Zu trinken gibt's Einiges. Die meisten Gäste wählen das Kellerbier der Geyers, ich selbst nehme am liebsten das Rotbier.

53

15. Im Tal der Aurach und an der Aisch

Landesamt für Vermessung und Geoinfoformation, Bayern, UK50-9, Naturpark Steigerwald, südlicher Teil

Oberreichenbach-Linden (Ipsheim)- Neustadt a.d. Aisch-Oberreichenbach (60 km)

Oberreichenbach-Linden (22 km)
Und noch eine Reise mit Start bei Geyers, es ist jedoch ein anderes Linden.

Wir beginnen die Tour mit dem Rad zunächst nach Eckenberg und Borbach und erreichen dahinter den Aurachtalradweg. Auf diesem bleiben wir über Emskirchen, Neuschauerberg, Kotzenaurach, Mosbach und Losaurach bis nach Klausaurach. Hier schlagen wir links die Straße hoch den Weg dann nach Linden zum Landgasthof Hotel zum Stern für den ersten Halt ein. (ist dieser geschlossen, kann muf gut und gerne bis nach Ipsheim weiterstrampeln, diverse Einkehrmöglichkeiten)

Etwas unspektakulär, diese Aurach-Quelle

54

Linden-Neustadt a.d.Aisch (24 km)

Vom Stern kurz zunächst zurück, dann am Ortsausgang jedoch nicht nach Klausaurach, sondern links auf eine kleine Nebenstrasse. Die erreicht „unten" das Aurachtal. Links führt ein Flurweg entlang des Waldes vorbei an der Aurachquelle durch den sog. „Stiftungswald" ziemlich lange bis zu einer Straße. Überqueren Sie diese und Sie radeln erneut durch einen ausgedehnten Wald. Sie sind richtig, wenn Sie über ein schlechtes Stück Waldweg ziemlich steil nach unten kommen. Dann öffnet sich der Wald zur Ebene hin, beim nächsten Abzweig wiederum geradeaus bleiben und auf einer Nebenstrasse nach Ipsheim rollen. Von dort an die Aisch auf den Aischtalradweg (AR). Folgen Sie der Beschilderung bis Neustadt konsequent. Fahren Sie dort in die Innenstadt, halten Sie sich nach links Richtung Diespeck und an zwischen Straße und Aisch liegt alsbald der Hausbrauerei-Gasthof Kohlenmühle (Vgl. Tour 26). Links neben dem eigentlichen Innehof-Biergarten liegt noch ein Selbstbedienungsgarten. Zu trinken empfehle ich diesmal das „Moggerla".

Neustadt a.d.Aisch-Oberreichenbach (14 km)

Von der Kohlenmühle fahren Sie weiter Richtung Diespeck vorbei am Mineralwasserlieferant Frankenbrunnen. Im Ort führt rechts eine Straße über Unter- und Obersachsen nach Dettendorf. Die steigt bis dahin ganz ordentlich an.

Schloß Hoheneck mit Weinbergen von Ipsheim aus

Bleiben Sie auf der Strasse und Sie kommen als Nächstes nach Hohholz und von dort durch den Wald zum Tanzenhaider Weiher. Und von dort ist es nur noch a weng bis zum Sommerkeller der Geyers und einem „Haustrunk" als Kellerbier. Heureka. Nach Oberreichenbach braucht muf danach nur noch ca. 500m abwärts rollen, das kann muf auch noch schaffen.

16.   Von Pottenstein ins Wiesenttal in der fränkischen Schweiz – und nach Gräfenberg

Kompass Fahrradkarte 3096, Fränkische Schweiz, Kulmbach, Bayreuth

Tag 1. Pottenstein-Gräfenberg (48 km)
Pottenstein-Ebermannstadt (25 km)
Vom Parkplatz in der Nähe des Hallenbades in Pottenstein gegen 9.00 gestartet (Übernachtungsmöglichkeit zuvor etwa Brauereigasthof Mager) zunächst auf die

Pottenstein-Ebermannstadt-Hetzelsdorf-Thuisbrunn-Hohenschwärz-Gräfenberg-Pottenstein (74 km)   ©2015 MapQuest - Map data © OpenStreetMap and contributors.

Bundesstrasse 470. Diese geht über das Postkartenmotiv der Fränkischen Schweiz schlechthin, Tüchersfeld, bis nach Behringersmühle.Hier bald am Ortseingang über die Strasse, vorbei an den Wandergasthöfen auf einen Radweg links der Wiesent. Es ist der „Fränkische Schweiz-Radweg" (FSR) bzw. gleichzeitig „Casanovas Ausritt" (CAS). Der Weg geht immer entlang der Wiesent, mal auf der Höhe mal über der alten Bahntrasse vorbei an Stampfermühle und Sachsenmühle zunächst bis nach Muggendorf. Hier kurz eine asphaltierte Strasse ca. 300 m ziemlich steil bergan, dann wieder auf dem Radweg , der durch den Wald an der Ruine Neideck und dem Freibad von Streitberg über Schönbühl bis nach Ebermannstadt führt. Fahren Sie vorbei am Schwanenkeller (erst nach 17.00 geöffnet), überqueren Sie wenig später die Wiesent, biegen Sie kurz dahinter links auf den „Cantonnay", es lohnt sich, auf einem kleinen Weg entlang der Wiesent bis zur Abzweigung in die Altstadt zu fahren.

Tüchersfeld, mehr Fränkische Schweiz geht kaum

Am Marktplatz wartet der **Schwanenbräu** auf die durstigen Radfahrer und serviert ein Dunkles (Vgl. auch Tour 21)

Ebermannstadt-Hetzelsdorf (8 km)
Von der Sonne durch die Fußgängerzone über die Strasse auf den Radweg (CAS) nach Pretzfeld. Dort in den Ort (Brauerei Nikl), hindurch Richtung Egloffstein. Ca. 500 m später nach Hundsboden abbiegen. Zunächst geht es durch Hagenbach und alsbald im Dorf bergan. Hinter einer Kurve am Ortsausgang zunächst flach bis nach Poppendorf und dann ca. 2 km – teilweise steil hoch nach Hetzelsdorf.

Großtransporter" der Schwanenbräu

Die **Brauerei Penning-Zeißler** liegt kurz hinter dem Ortseingang links erhöht. Unter der Kastanie auf der Terrasse sitzt es sich gewohnt einmalig, Schnitzel und das kupferfarbene Vollbier schmecken vorzüglich (Tour 27).

57

Hetzelsdorf –Thuisbrunn (7 km)

Von Karl-Heinz Penning geht es weiter bergan. In Hetzelsdorf ziemlich steil, dahinter führt die Landstrasse vorbei an Kirschgärten, Wiesen und Äckern nach Hundshaupten, um dann im Ort erneut anzusteigen. Rund 300m hinter Hundshaupten geht links ein Feldweg. Den nehmen. Er führt vorbei an den Ausläufern des Tierparks durch den Wald und wenig später durch Felder bis nach Egloffsteinerhüll. Sagen wir es wie es ist...der Weg ist nicht gut, er ist schlecht, viel Schotter, Spurrillen, alles was muf nicht braucht. Der Weg mündet in eine Strasse. Diese quasi überqueren und wieder leicht bergan, diesmal auf geteertem Flurweg, der jedoch leider nach ca.200m wieder schotterig und erneut schlecht wird. Nach rund 1 km erreichen wir wieder Strasse und fahren rechts. Sie sind richtig, wenn die Strasse erst nach rechts knickt und wenig später nach links; um dann kurz anzusteigen und abwärts nach Thuisbrunn zu führen. Fahren Sie an der Einmündung zweier Strassen links und dann immer weiter.

Der Gasthof Seitz, heute **Elchbräu,** liegt rechter Hand. Jetzt seit einigen Jahren auch mit größerem Biergarten auf verschiedenen Terrassenebenen. Es ist voll am Wochenende, rummelig und a weng laut. Der Elch ist Teil des „Fünf-Seidla-Steigs", eines vor ca. 15 Jahren ins Leben gerufenen und mittlerweile stark frequentierten Wanderwegs der Stadt Gräfenberg mit ihren fünf Brauereien. Und...sehr beliebt bei alt und jung und besonders wie es scheint bei Herrenrunden aus dem Nürnberger Raum. Bis Gräfenberg als Einstieg in die Wanderung geht ja schließlich die Bahn von Nürnberg Ost. Das Bier vom Elch, also eigentlich von Herrn Kugler, ist nach wie vor ein Dunkles und jeden Halt an dieser Etappe wert.

Thuisbrunn-Hohenschwärz (nur 2 km)

Nur ein Katzensprung über den Wanderweg – diesmal gut zu fahren – ist es vom Elch bis zur **Brauerei Hofmann** in Hohenschwärz. Hier gibt's im schönen Biergarten (ebenfalls voll bis unter die Decke mit Wanderern) ein Dunkles und –neu in 2013 – auch ein Helles. Das Dunkle schmeckt wie immer, nämlich gut.

Hohenschwärz-Gräfenberg (6 km)

Von Frau Hofmann fahren wir zu Frau Brehmer-Stockum und Herrn Stockum nach Gräfenberg. Dazu in Hohenschwärz die Strasse nach Neusles/Kasberg einschlagen und vorbei am Sportplatz. In Neusles links durch den Weiler Richtung Gräfenbergerhüll. Von dort abwärts nach Gräfenberg (auch Brauerei Friedmann) und zum **Lindenbräu.** Essen und Trinken sehr gut. Besonders süffig ist das Dunkle, seit kurzem gibt's auch ein Leichtbier. Die Übernachtung in der Saison um 35,-€; guter Standard; unbedingt vorher anrufen und vorbestellen.

Tag 2 Gräfenberg-Pottenstein (26 km)

Vom Lindenbräu am morgen gegen 9.00 aufwärts aus der Stadt Richtung Hiltpoltstein entlang der B2 gestartet. Hier auf den „Erlangen-Pegnitz-Radweg" (EPR), firmiert auch hier wieder als „Casanovas Ausritt" (CAS) und

Anatomie verwirrt Vögel

bis Möchs fahren. Es geht richtig auf und ab. In Möchs gibt es zwei Alternativen. Steil abwärts nach Obertrubach und dann wieder aufwärts über Bärnfels, Kleingesee und Trägweis nach Pottenstein. Oder der Weg über Leupoldstein und Weidenhüll. Ich entscheide mich für letzteren, wohl wissend, dass dies auch ca. 5 km auf der B2 bedeutet. Egal. In Leupoldstein an der Kreuzung am Ortsausgang links abbiegen. Hinter Weidenhüll nach rechts auf einen ungeteerten Weg.

Der Andachtsweg in Kühlenfels

59

Es rollt abseits der Strasse sanft abwärts und wenig geschottert durch den Wald nach Waidach, danach nach Kühlenfels. Hier weder die Strasse nach Pegnitz, noch die nach Kirchenbirkig einschlagen, stattdessen kurz rechts, gleich links auf den sog. „Andachtsweg" einbiegen. Dieser geht abwärts – und schön - zunächst wie eine kleine Allee und mündet alsbald in den Wald. Immer abwärts, am Ende – statt links auf dem Radweg durch den Wald- gerade aus sehr steil und Sie landen an einem kleinen Forellensee im Klumpertal – sehr schön, wie eine vergessene Welt. Leider geht es am Ende des Tals noch mal kurz steil bergan, dann rechts runter ins Tal der Püttlach und der B470. Parallel zur Strasse liegt links wie ein Bürgersteig der Radweg, der an der Teufelshöhle die Strasse verlässt und vorbei an einem See und der Sommerrodelbahn zurück nach Pottenstein führt.

Im Klumpertal

In Summe beträgt dieser morgendliche – sehr schöne - Ausritt 26 km. Dafür braucht muf ohne größere Pause gemütlich fahrend auf einer allerdings sehr welligen Strecke knapp 2 Stunden. Pottenstein ist das touristische Zentrum der Fränkischen, viel los und rummelig mit Höhle, Rodelbahn, Felsenbad, Burg und Hallenbad... Zeit für die Suche nach einem guten Mittagessen und einem leckeren Bier. Wie wäre es etwa mit den Brauereien Pottensteins, dem **Mager** oder dem **Hufeisen**? Oder Sie schnallen die Räder aufs Auto und fahren kurz über Tüchersfeld und Unterailsfeld entweder nach Oberailsfeld zur **Brauerei Held** oder nach Köttweinsdorf zum Maihof (Vgl. Wandertouren) mit seinem schönen Biergarten unter Obstbäumen. In jedem Fall ein Gewinn.

60

17. Auf dem Brauereienrekordweg – nach Aufsess

Kompass Fahrradkarte 3096 Fränkische Schweiz, Kulmbach, Bayreuth

Huppendorf-Sachsendorf-Hochstahl-Heckenhof-Aufsess-Steinfeld-
Huppendorf (57 km) ©2015 MapQuest - "Map data © OpenStreetMap and contributors.

1.Tag Huppendorf-Aufsess (32 km)

Huppendorf-Sachsendorf (22 km)

Nach frühem Mittagessen sind wir gegen 12.30 vom Grasser aus losgefahren. Der Weg führt zunächst durch Huppendorf abwärts nach Königsfeld und von dort auf der „Fürstbischöfliche Tour" (FT) nach Treunitz ins Wiesenttal. Vom „Pfifferdorf" Treunitz geht es auf der wenig befahrenen B22 bis nach Wiesenttal und hier rechts hoch und am Ortsende links auf einen befahrbaren Wanderweg. Dieser führt über Neidenstein nach Weiher. Hier wieder rechts hoch und wenn die Einfamilienhäuser enden, links auf den Radweg nach Hollfeld, über die Strasse und links parallel zur Strasse auf einem Radweg Richtung Aufsess/Sachsendorf. Zunächst steigt der Weg sanft an. Von der Höhe über Sachsendorf kurz steil bergab und linker Hand liegt die **Brauerei Stadter**. Der „Alte Schneider" kredenzt ein dunkles „fränkisches Land-bier". Wenn Sie wollen, beginnt in Sachsendorf der Brauereienrekordweg der vier Brauereien von Aufsess. Sie können Teil davon werden, indem Sie sich gleich hier am ersten Halt ein Stempelbuch geben und ihren Bierkonsum dokumentieren las-

61

sen. Wenn Sie alle vier Etappen der eigentlich als Wanderung gedachten Tour erfolgreich überstanden haben, winkt Ihnen eine Urkunde von hohem ideellen Wert, die „Fränkischer Ehrenbiertrinker".

Sachsendorf-Hochstahl (6 km)
Gestärkt und gestempelt geht es auf die zweite Etappe, die uns immer der Beschilderung des Brauereienweges folgend, von Sachsendorf hoch und rechts durch Felder und Wälder nach Hochstahl zur **Brauerei Reichold** führt. Ausgeschenkt werden im betriebsamen Gasthof an der von Motorrädern viel befahrenen Strasse allerlei Biere. Besonders gut mundet das klassische Dunkle...dessen Verzehr wir uns natürlich per Stempel bestätigen lassen. Auch wenn es sich seltsam anhört noch eine Besonderheit: Visitieren Sie auch die Sanitäranlagen. Auf der Hightech-Männertoilette kann man beim Wasserlassen auf kleinen Bildschirmen Fernsehen schauen. Nichts, was es nicht gibt auf dieser bunten Welt und auf dem Brauereienweg...

Hochstahl-Heckenhof (2 km)

Der Weg ist kurz zum nächsten Stempel und führt zunächst entlang der Strasse und nach ca. 300m links auf dem Wanderweg leicht ansteigend durch Feld und Wald nach Heckenhof zum **Kathibräu**. (Vgl. auch Tour 20). An einem sonnigen Sonntag ist der Biergarten pickepackevoll, Wanderer und Radfahrer sind jedoch in der Minderheit, überall Motorradfahrer in Montur. Es dauert a weng länger bis die Bedienung es schafft, die

Aufsess mit Schloß Unteraufsess

Massen zu versorgen. Das Bier ist ebenfalls ein mittlerweile sehr schmackhaftes Dunkles, das Warten lohnt sich. Früher schmeckte das Bier etwas „brandig" sagten viele.

Heckenhof-Aufsess (2 km)
Dem Bierkonsum angemessen geht es vom Kathi-Bräu nach Aufsess nur noch kurz abwärts. Dazu überqueren Sie den mit Motorrädern vollgeparkten Vorplatz, fahren Richtung Strasse, überqueren diese (Obacht: Überall Motorräder) und fahren auf

einem Feldweg, der Sie nach ca. 1 weiteren Kilometer an das Tagesziel bringt: den **Brauereigasthof Rothenbach**.

Tag 2 Aufsess-Huppendorf (25 km)

Aufsess-Steinfeld (18 km)

Von der Aufsesser Brauerei Rothenbach gegen 9.30 gestartet komplettieren wir zunächst den Brauereienrekordweg . Dazu geht es kurz auf der Strasse nach Hollfeld und nach ca. 300m links auf den Wanderweg nach Neuhaus und Sachsendorf.

Dieser führt idyllisch entlang der Aufsess, verjüngt sich zwischendurch auf einen – gut fahrbaren – Pfad über eine Wiese und erreicht nach ca. 5 km Sachsendorf. Hier im Ort links auf den Wanderweg und nach ca. 500 Metern sich trauen über eine Wiese, und eine kleine Bohlenbrücke über die Aufsess auf die linke Seite des Baches zu queren.

Hinter Sachsendorf über die Aufsess

Trutziger Trumm – Burg Wiesentfels

Der Weg ist zunächst nicht gut, wird jedoch durch den Wald immer besser, zuletzt ist er gepflastert und mündet auf die Strasse kurz vor Drosendorf. Dort angelangt folgen Sie erst links fahrend, dann rechts hoch dem Nebenradweg (Strassenbeschilderung) nach Wiesentfels. Es geht in Drosendorf kurz steil bergan, dann wellig bis zu einer Strassenkreuzung.

63

Hier kurz links und wenig später rechts auf die Nebenstrasse. Sie erreichen Wiesentfels im Tal der Wiesent mit Blick auf die imposante Burg abwärts nach ca. 2 km. Biegen Sie nun nach links auf die - wenig befahrene - B22 ein. Sie führt durch das sehr schöne Wiesenttal über Treunitz (auf diesem kurzen Stück bereits gestern) und vorbei am Paradiestal nach Steinfeld an der Wiesentquelle zum **Hübner Bräu**. Der Hübner hat wie immer ein feines und süffiges Dunkles, das im urigen Gastraum mit dem Ofen in der Mitte eine gelungene erste „eventmassige Location" des Tages darstellt.

Steinfeld-Huppendorf (7 km)
Vom Hübner in Steinfeld downtown zunächst auf der Strasse zurück, bald rechts über die Wiesent und rund 1km weiter dann im Ortsteil Untersteinfeld rechts hoch auf einen Wanderweg, der nach ca. 2 km vor Königsfeld auf die FT trifft. Von Königsfeld auf dem gleichen Weg zurück wie gestern nach Huppendorf und zur **Brauerei Grasser.** Es ist Mittagszeit. Beim Grasser gibt's nicht nur ein leckeres Dunkles, sondern auch unter der Woche prima Brotzeiten. Ohne wenn und aber empfehlenswert ist der Zwetschgenbames (Vgl. Tour 3 und 19).

Großer Krug für großen Durst

Die Tour hat insgesamt 57 km und ist gut von Mittag zu Mittag mit einer Übernachtung fahrbar (oder auch als Tagestour). Sie führt ohne größere Steigungen durch das Herz der nördlichen fränkischen Schweiz und durch das Aufsess- und Wiesenttal. Zudem beinhaltet sie komplett den Brauereienrekordweg. Alles in Allem ziemlich perfekt und Reizüberflutung pur.

18. Durch das Leinleitertal – nach Weigelshofen

Kompass Fahrradkarte 3096, Fränkische Schweiz, Kulmbach, Bayreuth

Tag 1. Ebermannstadt-Weigelshofen (30 km)

Ebermannstadt-Oberleinleiter (12km)

Vom **Schwanenbräu** in Ebermannstadt an einem Samstag nach dem Mittagessen erst gegen 14.00 gestartet, ist diese Tour eine der gemütlicheren. Muf könnte dies – kilometermäßig betrachtet - auch als Tagestour machen, aber warum? Es ist schön in der Fränkischen Schweiz und der Weg wartet auf mit lohnenswerten Einkehrschwüngen. Mehr eine Wandertour mit dem Rad…

Zunächst fährt muf auf den Brauerei und Bierkellertour (BBT) von Ebermannstadt links der Strasse nach nach Gasseldorf. Hier beginnt auf einer aufgelassenen Bahntrasse der „Leinleiter-Radweg". Dieser führt – immer so mit ca. 1% Steigung - über Unterleinleiter und Veilbronn bis nach Heiligenstadt (Brauerei Aichinger, Vgl. Tour 23). Von dort auf dem Radweg bleibend über Zoggendorf und Burggrub geht es nach Oberleinleiter und zur Brauerei Ott. Der Ott hat ein Dunkles, ein Helles und ein Weizen. Mich lacht das Dunkle an. Schmeckt gut.

Ebermannstadt-Oberleinleiter-Drügendorf-Weigelshofen-Forchheim-Ebermannstadt (54 km)   © OpenStreetMap contributors

Oberleinleiter-Drügendorf (15km)

Vom Ott zunächst zurück auf dem Radweg nach Burggrub fahren. Dort den Weg nach Oberngrub einschlagen. Es beginnt der unangenehme Teil der Reise, der Anstieg auf die Höhe nach Kalteneggolsfeld. Der Anstieg ist zunächst heftig, dann smooth um dann kurz vor Oberngrub noch mal fies zu werden. Im Ort scharf nach links auf die Nebenstrasse nach Kalteneggolsfeld . Von dort gibt es zwei Möglichkeiten: 1. Richtung Dürrbrunn über den Assenberg und dahinter rechts dem Strassenschild nach Tiefenstürmig folgend; 2. Zunächst auf der Nebenstrasse Richtung Frankendorf und nach ca. 600m links auf einen nicht beschilderten Flurweg (Lassen Sie sich nicht vom Schild „Tiefenstürmig" täuschen – es zeigt hier gefühlt in die entgegengesetzte Richtung).

Leinleiterradweg bei Veilbronn

Nach einem weiteren ca. 1 km kommen Sie an eine Kreuzung. Hier scharf links auf einen Teerweg, der wenig später in den Wald und steilst bergab bis nach Tiefenstürmig geht. Von dort über Götzendorf nach Drügendorf rollen. In den Ort links, ca. 200 m und dann liegt rechter Hand erhöht über der Strasse die **Brauerei Först**. Für den durstigen Radfahrer gibt`s ein gutes Dunkles. Vor dem Haus allerdings kein richtiger Biergarten, nur ein paar Bänke im Hof.

Drügendorf-Weigelshofen (3km)
Vom Först über Drosendorf abwärts nach Weigelshofen und zur **Brauerei Pfister** gleiten. Hier winkt nach - nur – 30 km durch das Leinleitertal, gutes Essen, ein sehr gutes Kellerbier und eine De Luxe-Übernachtung, zuletzt nach Renovierung stramme 60,-€ für ein EZ.

Tag 2. Weigelshofen-Ebermannstadt (24 km)

Weigelshofen-Forchheim (10 km)

Vom Pfister gegen 9.30 gestartet führt der Radweg zunächst nach Eggolsheim, von dort auf dem BBT Richtung Forchheim. Folgen Sie dem Radweg bis in die Innenstadt (alternativ Kellerberg). Hier finden Sie am Marktplatz neben Cafes die Brauereien Hebendanz und Neder, direkt nebeneinander in der Sattlertorstrasse.

Forchheim-Ebermannstadt (14 km)

Der Weg aus Forchheim ist a weng umständlich. Am einfachsten ist es, wenn Sie aus der Altstadt Richtung Bahnhof dann auf die Strasse Richtung „Fränkische Schweiz" fahren. Hinter der Bahnbrücke rechts und irgendwann ist der Radweg, es ist der BBT, ausgeschildert. Vor Reuth wird er zum „Fränkische Schweiz-Radweg" (FR) und verläßt rechts die Bundestrasse. Danach führt er durch die Wiesentaue zunächst nach Kirchehrenbach und dann nach Pretzfeld (Brauerei Nikl). Von hier führt der Radweg nach Ebermannstadt und zurück zur Brauerei Sonne am Marktplatz, die wir bereits gegen 12.00 erreichen.

Auch ein Heiliger braucht mal Unterstützung, bei Pretzfeld

Die Tour mit einer Übernachtung in Weigelshofen beim Pfister ist mit 54 km eine der kürzeren, lohnenswert durch Hausbrauereien im Leinleitertal und Forchheim und das Wiesenttal am 2.Tag. Sie bietet sich an für ein entspanntes Rad-Wochenende mit Anfahrt und Abreise. Da ist aber auch noch Zeit drumrum für andere Aktivitäten. Wohl bekomms.

19. Von Viereth ins Gebürg nach Huppendorf

Kompass Fahrradkarte 3096, Fränkische Schweiz, Kulmbach, Bayreuth
Kompass Fahrradkarte 3082 Bamberg, Haßberge, Steigerwald

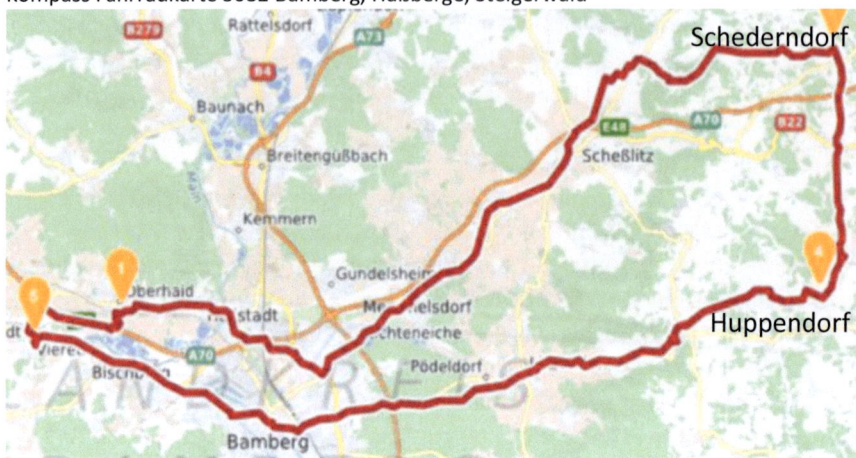

Viereth-Drosendorf-Schederndorf-Huppendorf-Tiefenellern-Viereth (78km)

© OpenStreetMap contributors

Diese Tagestour ist eine lange...und wegen des Aufstiegs ins Gebürg eine eher an-strengende. Versüßt werden die Mühen durch zwei der lohnenswertesten Ein-kehrschwünge in der Fränkischen, Schederndorf und Huppendorf (Vgl. Tour 3).

Schloß Seehof in Memmelsdorf

68

Viereth-Drosendorf (19 km)

Von der Mainlust starten Sie nach links zum Kreisel, dann auf dem Radweg über den Main nach Oberhaid. Fahren Sie über Dörfleins (Brauerei Eichhorn) und Hallstadt auf einem Nebenradweg in den Bamberger Stadtteil Kramersfeld und von über Lichteneichezum Schloß Seehof. Geradeaus durch Memmelsdorf erreichen Sie Drosendorf und die **Brauerei und Gasthof Göller**. Vormittags hat üblicherweise der Biergarten noch zu, Sie können aber im Hof auf Bänken Platz nehmen und ein helles Lagerbier probieren.

Eines der zahlreichen Angebote von Grassers

Drosendorf-Schederndorf (19 km)

Vom Göller geht es flach auf dem BBT über Strassgiech bis nach Scheßlitz. Durchfahren Sie auf der Straße – nicht so schön – die Kleinstadt. Am Ortsausgang links Richtung Burgellern abbiegen. In Ehrl überqueren Sie die Strasse leicht aufwärts

Chicks schlafen an Stange

nach Burgellern. Jetzt beginnt der unangenehmere Teil, der Aufstieg auf das Höhenplateau der Fränkischen. Nach ca. 4km kommen Sie nach Gräfenhäusling. In der Mitte des Dorfes macht die Strasse einen scharfen Knick nach rechts und von da können Sie gut nach Schederndorf und zur **Brauerei Will** rollen. Neben einem sehr süffigen und beliebten dunklerem Lager bietet der Will im Biergarten Brotzeiten. Herausragend ist der Ziebeleskäs.

Schederndorf-Huppendorf (9 km)

Vom Biergarten der Wills radeln Sie zunächst zurück und von dort erst links, dann rechts aus dem Ort leicht hoch zur Landstrasse. Diese wird überquert und Sie befinden sich im besten Fall auf einem gut geteerten Flurweg, der Sie bald unter der A70 und weiter bis nach Steinfeld (Brauerei Hübner, Tour 17) führt. In Steinfeld nehmen Sie aufwärts die wellige Strasse nach Königsfeld. Hier, wenn Sie oben erst links abgebogen sind, biegen Sie unten scharf rechts ab. Am Ortsausgang auf der Höhe des Sportplatzes auf die Strasse nach Poxdorf zuhalten, um ca. 200m danach links auf einen Flurweg zu fahren. Sie sehen Huppendorf bereits und nach ca. 1 km durch Felder erreichen Sie den **Brauereigasthof Grasser**. Im Biergarten im Hof gibt's ein kassisches Dunkles, daneben Helles und Weizen. Zu Essen tagsüber Brotzeiten und kleinere Gerichte, empfehlenswert hier der Zwetschgenbames. Groß aufgekocht wird üblicherweise erst am Wochenende oder an Feiertagen.

Huppendorf- Tiefenellern (8 km)

Vom Grasser rechts und nach ca. 50 Metern links hoch auf die Nebenstrasse nach Poxdorf. In Poxdorf erst kurz rechts Richtung Ludwag und direkt hinter dem Ortsschild links auf einen Flurweg. Es geht spürbar hoch. Der Weg führt Sie am Butzenberg und den zahlreichen Windrädern vorbei bis zur Straßenkreuzung. Geradeaus abwärts rollen Sie in Serpentinen den Tiefenellerner Berg nun hinab bis zur **Brauerei Hönig Gasthof zur Post**. Im Biergarten am Hang hinter dem Haus schmeckt ein Lager, das Posthörnla, gut, viele schwören auch auf das Pils der Hönigs.

Tiefenellern-Viereth (23 km)

Auf der letzten Etappe heißt es zunächst durch das Ellerbachtal über Lohndorf (Brauerei Hölzlein) nach Litzendorf zu radeln. Wir sind auf dem BBT bzw. „Höhenweg Fränkische Schweiz" (HFS). Folgen Sie der Beschilderung des HFS durch Pödeldorf und den Wald und Sie kommen an eine Hauptstrasse, die Sie nach Bamberg bringt. Basteln Sie sich durch Bamberg, über den Main-Donau-Kanal und die Regnitz auf die „Steigerwaldseite" und Sie erreichen im Stadtteil Gaustadt wieder den MR, der Sie dann über Bischberg zurück nach Viereth und zum **Brauereigasthof Mainlust** zurückbringt.

Schön war er, der Besuch im Gebürg.

II. Mehrtägige Rundtouren

20. Rund Bamberg

Kompass Fahrradkarte 3082 Bamberg, Haßberge, Steigerwald

Hirschaid-Schönbrunn-Baunach-Ebing-Hirschaid (158 km)

Dies ist eine viertägige gemütliche Tour, die Sie ohne weiteres auch in drei oder sogar zwei Tagen fahren können.

Tag 1 Von Hirschaid nach Schönbrunn (28 km)

Hirschaid-Reundorf (7 km)

Nach vormittäglicher Anreise und einer Brotzeit vom Parkplatz hinter der Brauerei Krauss um die Mittagszeit (13.30) durch den Biergarten rechts hoch über die Brücke auf den Fahrradweg entlang Sassanfahrt fahren, unter der B505 in Erlach geradeaus, und dann links auf die „Fürstbischöfliche Tour" (FT). Nach ca. 2km rechts auf einen Flurweg auf den Mainberg. Der Weg führt zunächst in einem weiten Bogen links hoch durch einen – bis auf mein Schnaufen – ruhigen Wald auf die Höhe. Von oben auf ungefähr halber Strecke abwärts liegt am Rand des Waldes der große und am Sonntag gut besuchte Keller der **Brauerei Müller**, Reundorf. Neben den üblichen Brotzeiten und Kuchen bietet der Müller ein helles Kellerbier.

Reundorf-Untergreuth (5 km)

Von dort auf der Fahrstrasse abwärts bis Reundorf. Im Ort auf Höhe der Kirche nach links auf die „Brauerei- und Bierkeller-Tour" (BBT). Vorbei an Sportplätzen bis zur Kreuzung der Strasse nach Frensdorf. Dort kurz rechts und dann wieder links Richtung Untergreuth. Es geht schwach bergauf, vorbei an einem kleinen See zur rechten Hand, erreicht muf nach weiteren ca. 2 km im Ort links die **Brauerei Büttner**, Untergreuth. Der Büttner hat nur am Wochenende geöffnet, ist eher eine Landwirtschaft mit kleinerer Brauerei und es wird ein leckeres helles Lager ausgeschenkt.

Kaiser, Grasmannsdorf

Untergreuth-Grasmannsdorf (8 km)

Von dort zunächst wieder kurz bis zum Ortsausgang zurück, dann rechts auf einen Flurweg, der zuerst eben, nach kurzer Strecke leicht abwärts nach Vorra führt. In Vorra auf dem BBT über Unter- und Oberharnsbach, die B22 nach Bamberg überqueren, Richtung Grasmannsdorf, am Ortseingang rechts und in ca. 50 Meter Entfernung linker Hand zur **Brauerei Kaiser**. Sehr empfehlenswert, draussen auf der Bank unter einen großen Kastanie gibt es das Weizen, das von Mai bis September im Angebot ist und vorzüglich schmeckt; daneben gibt es ein helles, pilsartiges Bier.

Grasmannsdorf-Ampferbach (4 km)

Erneut nur ein kurzer Weg bis zur nächsten Einkehr. Vom Kaiser zurück rechts auf die Strasse nach Burgebrach über die Rauhe Ebrach mit den sieben Brückenheiligen, knapp 1km rechts auf einen Flurweg einbiegen, dem bis zum Ortseingang von Ampferbach ca. 2km folgen, dann rechts ca. 200 m die Strasse Richtung Burgebrach hoch. Dort liegt der schattige Keller der **Brauerei Herrmann**. Der Keller ist bei schönem Wetter am Wochenende geöffnet, unter der Woche ist das Gasthaus in Ampferbach Anlaufpunkt. Neben dem Keller liegt ein weiterer, der Max-Keller (selten geöffnet, früher – vor 2006 - hat der „Max" selbst gebraut, heute wohl nicht mehr?). Der Herrmann bietet ein klassisches Kellerbier.

Ampferbach-Schönbrunn (4 km)
Von dort abwärts zurück nach Ampferbach, im Ort links auf die Strasse nach Schönbrunn. Es geht ganz leicht bergauf – mit einigen halben Gerstensaft wie heute kommt einem die Strecke jedoch vor wie ziemlich bergan -, über Niederndorf erreicht muf nach sehr kurzer Fahrtzeit den Zielpunkt der heutigen Etappe, die **Brauerei Wernsdörfer** (braut nicht mehr selbst) in Schönbrunn. Hier kann muf in (nur) zwei Doppelzimmern mit Standardqualität übernachten, das Essen ist gut und reichlich, das Bier in Ordnung. In Schönbrunn gab es früher auch noch die Brauerei und Gasthof Bähr, geblieben ist ein schattiger Keller, der durchaus einen Besuch lohnt, zum Essen empfehle ich jedoch den Wernsdörfer. Die Wirtsleute sind sehr nett, es gibt eine Unterstellmöglichkeit fürs Rad. Alles in allem eine vergleichsweise kurze Fahrtstrecke (28 km); häufig unterbrochen durch lohnenswerte Einkehrschwünge. Es ist 18.30. In Summe braucht es ca. 5 Std., davon ist gefühlt deutlich mehr als die Hälfte Sitzzeit, insofern gut geeignet für einen späten Start. Ein schöner, gemütlicher Sonntagnachmittag.

Beim Wernsdörfer

Tag 2 Schönbrunn-Baunach (42 km)
Schönbrunn-Priesendorf (10 km)

Auch dieser Tag sieht nur eine kürzere Fahrstrecke vor, kann aber alternativ verlängert werden. Von der Brauerei Wernsdörfer gegen 9.00 gestartet, führt der Weg zunächst auf der Strasse Richtung Zettmannsdorf. Noch im Ort rechts auf die Strasse nach Grub einbiegen. Es beginnt ein kurzer, fieser Anstieg. Hinter den Wohngebietsausläufern von Schönbrunn geht die wenig befahrene Strasse hoch bis in ein Waldstück, dann kurz abwärts nach Grub. Am Ortsausgang wieder hoch bis auf die Höhe vor Steinsdorf, dann bergab auf dem BBT nach Lisberg. Die Strasse führt durch den Ort, vorbei an der imposanten Burg. Ca. 200 m hinter dem Ort geht es links auf einen geteerten Feldweg. An den Weihern von Trabelsdorf links halten, durch das noch verschlafene Neuhausen, dann rechts auf die Strasse und an der Kreuzung links.

Lisberg

Schon ist man in Priesendorf. Nach rund 1km aufwärts im Ort erreicht muf links die **Brauerei Schrüfer**. Dort wird ein helles Lager ausgeschenkt. Am morgen ist muf im Biergarten hinter dem Gasthof alleine, manchmal, so wie bei mir 2005, setzt sich der Altbrauer mit an den Tisch. Es ist gemütlich dort, aber der Weg ...und der Berg...ruft.

Trabelsdorfer Weiher

Priesendorf-Weissbrunn (5 km)

Nach einem Frühschoppen im Ort rechts Richtung Lembach abbiegen. Da beginnt allerdings eine eklige, schweißtreibende Rampe, der man bis auf die Höhe folgt. In Lembach gibt es (seit 2012 „gab es") die Brauerei Thein, eines der Bier-Highlights im Steigerwald. Heute jedoch gilt es auf der Höhe über Lembach auf einen (eher schlecht befahrbaren) Feldweg links abzubiegen, diesem rund 2 km zu folgen, bis man auf einen Flurweg (der 2. Abbiegung) rechts steil bergab nach Weissbrunn fahren kann. Ungefähr nach der Hälfte des Ortes liegt links die **Brauerei Bräutigam** (seit – 2012 - in Rente, braut nicht mehr selbst, Gasthof geöffnet; Öffnungszeiten erfragen), die das süffige Lager vom Hönig aus Tiefenellern ausschenken. Der Gasthof wird von Bräutigams geführt, die Wirtin ist sehr zuvorkommend, es gibt auf Wunsch Brotzeiten oder Bratwürste.

Weissbrunn-Oberhaid (13,5 km)

Vom Bräutigam geht es – nach der Brotzeit gut – rund 4 km bergab ins Maintal bis nach Dippach. Hier rechter Hand auf den Mainradweg (MR). (Alternative: links über Eltmann, die Mainbrücke nach Ebelsbach, dort rechts nach Stettfeld, Adler Bräu, vgl. Tour 22), von dort über die Kuppe durch den Wald nach Deushof, rechts nach Lauter und dann nach Appendorf, Brauerei Fößel, von dort nach Baunach). Von Dippach über Rosstadt und Trunstadt bis zum Ortseingang von Viereth, über die Mainbrücke nach Unterhaid, vor dem Ort, rechts auf den Radweg parallel zur Autobahn bis auf die Höhe von Oberhaid, dann kurz auf dem BBT in die kleine Stadt, die **Brauerei Wagner** (Sommerkeller am Ortsausgang, geöffnet nach 14.00) liegt im Zentrum an der Hauptstrasse nach Hallstadt. Der Gasthof schenkt ein Helles aus. Es gibt einen größeren, wie mir scheint tagsüber eher leeren Gastraum, der nur von Einheimischen frequentiert wird, davor nur eine kleinere Terrasse.

Der Hannlakeller der Brauerei Wagner aus Oberhaid

Oberhaid-Kemmern (8,5 km)
Von der Gaststätte rechts der Strasse folgen, am Ortsausgang auf den BBT nach Dörfleins. (Im Sommer schenkt der Wagner sein Bier ab dem nachmittag auf seinem Keller - Richtung Dörfleins - am Ortsausgang links hoch aus) Es geht nach Dörfleins und dort auf die Strasse. Kurz vor der Mainbrücke nach Hallstadt links auf einen zunächst geteerten Fahrweg einbiegen. Diesem folgen, auch wenn der Weg sich später bis auf Wanderwegbreite verjüngt, nicht der MR ist, und teilweise nicht gut befahrbar ist. (alternativ über die Mainbrücke, dann auf dem MR links um Hallstadt herum bis nach Kemmern - Brauerei Wagner im Ort - fahren) Auf diesem Wanderweg entlang des Mains bis auf die Höhe von Kemmern fahren, auf dem nun wieder etwas breiteren Flurweg bleiben, nach ca. 500m liegt links oben am Hang der Keller der **Brauerei Wagner**, Kemmern. Hier gibt es ein klassisches Kellerbier und die üblichen Brotzeiten, der Blick geht weit über das Maintal.

Kemmern-Baunach (5 km)
Vom Keller kurz den Hang runter zurück links auf den Flurweg. Dieser führt weiter durch den Wald auf schmalem Wanderweg und mündet kurz vor Baunach auf die

76

B279. Diese ist viel befahren, aber man ist bereits im Ort. Am hinteren Ende, an der Strasse liegt rechts die **Brauerei Sippel** und damit das Ende der Etappe. Es ist 16.00, die Fahrtzeit beträgt – wiederum mit vier Einkehrschwüngen – ca. 7 Std. Die Strecke ist mit rund 42 km eher kurz. Essen und Trinken (seit 2010 Biere der Brauerei Keesmann, Bamberg) ist gut. Übernachtung im Ort etwa in Ferienwohnungen, oder in Breitengüßbach oder in Hallstadt möglich.

Tag 3 Baunach-Ebing (52 km)
Baunach-Mürsbach (10,5 km)
Von Baunach – Start gegen 9.00 – auf dem „Burgenstrasse Radweg" (BR) Richtung Rattelsdorf, über Daschendorf nach Höfen. Von Höfen auf dem BR bleibend entlang des wunderschönen Tal der Itz auf kaum befahrener Strasse über Freudeneck (Brauerei Fischer) und Zaugendorf zum **Sonnenbräu** nach Mürsbach. Dort gibt es im Biergarten ein helles Lager, und seit einigen Jahren nun auch ein Kellerbier.

Sonnenbräu Mürsbach

Mürsbach-Herreth (Nedensdorf) (13 km, (16 km))
Vom Sonnenbräu weiter durch das Itztal entlang des Flusses über Rechelbach bis zur Kreuzung vor Untermerzbach, dort über die Brücke nach Kaltenbrunn (Brauerei Schleicher). Die Bundestrasse am Ortsausgang überqueren und auf den Radweg Richtung Gleußen. Nach wenigen hundert Metern auf den „Thermenradweg" (TR)

rechts einbiegen. Der geteerten Strasse an einem größeren Bauernhof vorbei ca. 2 km folgen, dann links abbiegen und bergan bis zur Strasse nach Herreth fahren. Nach der Einmündung auf die Strasse geht es noch ca. 1 km leicht bergan. Auf der Höhe liegt das kleine Dorf Herreth, rechter Hand ist der **Brauereigasthof Stirnweiß**. Um 2012 ist der Gasthof noch bewirtschaftet, es gibt jedoch nur Brotzeiten. Bier wurde von der Staffelbergbräu aus Loffeld ausgeschenkt. 2014 hatte es sogar noch gebrannt, 2019 wird wieder gebraut, der Sohn der Familie Stirnweiß führt den Betrieb und die Gasstätte fort; vgl. Sie wegen der Öffnungszeiten die website.

Alternative Varianten: von Kaltenbrunn auf dem TR bleiben, über Draisdorf bis auf die Höhe am Hang des Eierbergs, dann abwärts nach Wiesen und dort entweder bei der Brauerei Hellmuth oder der Brauerei Thomann (Vgl. z.B. Tour 12) einkehren. Eine weitere Option ist es, statt in Herreth zu rasten bis nach Nedensdorf zur **Brauerei Reblitz** zu fahren; öffnet jedoch außer Sonntags immer erst gegen 16.00 nachmittags).

Herreth-Loffeld (12 km)
Von Herreth geht es nach kurzer Strecke über die Strasse abwärts Richtung Kloster Banz. Nach ca. 3 km rechts abbiegen abwärts nach Nedensdorf (Brauerei Reblitz). Dort links auf einer Flurstrasse nach Unnersdorf, rechts über die Mainbrücke nach Staffelstein. Die Stadt auf dem TR durchfahren, unter der Autobahn durch, vorbei am malerischen Ort Horsdorf nach Loffeld zum **Staffelbergbräu**. Beim „Zwerg" (auf dem Bierdeckel abgebildet) gibt es ein kräftiges, sehr schmackhaftes Dunkles.

Loffeld-Pferdsfeld (4 km)
Von Loffeld nach Pferdsfeld ist es nicht weit. Muf fährt zunächst zurück nach Horsfeld. Im Örtchen links halten bis man auf einen geteerten Radweg kommt, der ca. 1km flach durch Felder führt. Dann wieder unter der Autobahn durch. An einer Kreuzung kleinerer Strassen links Richtung Pferdsfeld abbiegen. Nach ca. 2 km erreicht muf von da ab – im Ort ganz gut „versteckt" - die **Brauerei Leicht**. Hier gibt es – am WE ab 10.00 ein süffiges, wenngleich ein wenig süßes Bier. (Übernachtung auf Nachfrage möglich; Öffnungszeiten allerdings unter der Woche erst ab 16.00).

Pferdsfeld-Ebensfeld (4 km)
Von Pferdsfeld die Strasse nach Unterneuses (Brauerei Martin) nehmen. Von dort über die Strasse oder über Feldwege noch ca. 3 km bis nach Ebensfeld rollen. Das „Ebensfelder Brauhaus" befindet sich an der Hauptstrasse. Man kann an einigen Tischen an der Strasse sitzen oder in einem Durchgang zum Hof. Das Bier ist ein sehr Dunkles, fast Schwarzes. Das Brauhaus hat auch einen Keller, der unter der Woche nach 16.00 geöffnet ist.

Ebensfeld-Ebing (8,5 km)

Das letzte Stück der Etappe führt von Ebensfeld über den Main-Radweg entlang der Bahnstrecke über Oberleiterbach nach Zapfendorf. Dort macht der MR einen Knick nach rechts. Ca. 2 km weiter knickt der Weg wieder nach links und erreicht Ebing nach weiteren ca. 2 km den **Schwanenbräu**. Im Ort findet man den Brauereigasthof ungefähr nach 500 Metern, in dem man zuerst auf der Hauptstrasse leicht abwärts, und dann rechts auf einen kleinen alleenartigen Platz einbiegt und nach rund 100 Metern links. Es ist 18.00 Uhr; die Fahrzeit beträgt mit großzügigen Pausen rund 9 Std., die Strecke führte über 52 km und beschreibt eine schöne Schleife durch das Itz- und das Maintal.

Der Schwanenbräu selbst bietet ein sehr gut trinkbares exzellentes dunkles Bier, einen überdachten Innenhof und gutes Essen. Die Übernachtung (es gibt 7 Betten in drei Zimmern) war allerdings sehr rustikal und ohne Fernseher, dabei aber günstig (...zuletzt, allerdings 2010 19,-€). 2019 ist auf der Website keine Übernachtungsmöglichkeit mehr angezeigt. Bitte rufen Sie in jedem Fall vorher dort an. Mehr als wettgemacht wird der eher spärliche Komfort durch zwei sehr freundliche Wirtsdamen, Mutter und Tochter, die fürsorglich neben natürlicher Herzlichkeit Speis und Trank für ihre Gäste bereitstellen.

Tag 4 Ebing-Hirschaid (36 km)

Ebing-Schesslitz (12 km)

Um 8.30 vom Schwanenbräu gestartet, geht es zunächst vorbei am Ebinger See, unter der Autobahn durch auf die Strasse Richtung Breitengüssbach. Nach nur wenigen hundert Metern führt ein Weg links – ziemlich steil – hoch. Dieser steigt schnell aus dem Maintal auf eine Höhe von über 300 Metern an, führt zunächst durch Wald und erreicht nach ca. 4 km nach der Abbiegung Sassendorf. Von dort geht es weiter bergan auf der Strasse Richtung Roth. An der Strassenkreuzung rechts nach Windischletten einbiegen. Bis dorthin steigt die Strasse aus dem Maintal mehr oder minder an, ab da geht es abwärts nach Schesslitz. In Scheßlitz selbst gibt es mehrere Brauereien (auch Schmitt), als Gaststätte geführt wird die **Brauerei Drei Kronen.** Das Bier ist ein Helles, pilsartiges. Ich probiere ein kleines, dazu ein großes Wasser. Schesslitz könnte schön sein, ist in meiner Wahrnehmung aber bloß eine Ansammlung von eingerußten Häusern um eine stark befahrene Durchgangsstrasse.

Schesslitz-Drosendorf (6,5 km)

Zurück durch den Ort, Richtung Bamberg, schon vor dem Ortsausgang rechts auf einen ruhigen Fahrradweg, der „Fürstbischöfliche Tour" (FBT) entlang des Leitenbach. Über Strassgiech erreicht muf nach ca. 7 km Drosendorf und hier auf der linken Seite der Strasse die **Brauerei Göller**. Diese hat einen schönen – allerdings erst am nachmittag geöffneten – Biergarten; davor im überdachten Hof sitzt es sich jedoch fast genauso gut. Das Bier ist lecker. Die Frage nach dem Weg nach Meedensdorf beantwortet die Wirtin überaus korrekt mit „an der Kirche links hoch...das ist kürzer als über Memmelsdorf".

Drosendorf-Rossdorf am Forst (11,5 km)
Ist es auch, aber mal wieder geht es kurz heftig bergan. In Meedensdorf auf der Strasse nach Schammelsdorf bleiben (Brauerei Knoblauch, bitte nicht wie ich verwechseln mit dem gleichnamigen Gasthaus), von dort nach Litzendorf. Den Ort durchfahren und auf der Strasse nach Geisfeld erneut einen Hang hoch. Oben geht es rechts auf einem Fahrradweg zunächst bergab, dann leicht bis nach Geisfeld wieder aufwärts. In Geisfeld durch den Ort Richtung Bamberg, ca. hundert Meter nach der Kreuzung links an der Brauerei Griess vorbei auf einen geteerten Flurweg einbiegen. Dieser führt am Griesskeller vorbei als Radweg abwärts bis zum Sportplatz von Rossdorf, dann rechts auf die Strasse, gleich noch mal rechts und nach ca. 200 Metern und einer letzten Biegung nach links, steht man vor der sehr einladenden **Brauerei Sauer**. Im Biergarten sitzt es sich schattig wie sonnig, das Essen ist – auch unter der Woche – vielfältig, reichlich, gut und günstig; das Bier, Helles wie Dunkles mundet. Alles in allem immer eine sehr gute Wahl für eine Mittagspause.

Rossdorf-Hirschaid (6 km)
Vom Sauer kurz zurück in die Nähe des Sportplatzes. Dort geradeaus – ja, schon wieder – den Hang auf einem geteerten Flurweg hoch Richtung Wernsdorf. Dort nach rechts Richtung Amlingstadt. An der Kirche links auf die Strasse nach Hirschaid. Ich sage es nicht gerne...aber es geht rund 1 km leicht bergan, dann abwärts unter der A73 durch und nach weiteren ca. 2 km erreicht muf die Ausläufer der „Megapolis" Hirschaid, in deren Wohngebietssträßchen muf sich prima verfahren kann. Den Ort irgendwie durchfahren, unter der Bahn durch, rechts halten und an der Hauptkreuzung auf die Strasse Richtung Pommersfelden kommen. Vor der Brücke über den Main-Donau-Kanal liegt rechts die **Brauerei Krauss** - Start und Zielpunkt der mehrtägigen Rundfahrt.
Heute ging es bergauf, bergab und später durch welliges Gelände. Es ist 14.30. Für die letzte Etappe habe ich mit 3 Pausen rund 6 Std. gebraucht. Die Strecke betrug 36 km. Insgesamt führte die Rundtour über vier Tage, davon 2 „halbe" am Anfang und am Ende, die sowohl eine Anreise als auch eine Abreise an diesen Tagen noch ermöglichen. Die Gesamtstrecke ist mit nur 158 km eine der kürzeren und gemütlicheren; also diesmal insgesamt mehr eine Tour, die deutlich den Ess- und Trinkgenuss denn die Fahrradkilometer in den Vordergrund stellt.

21. Mit viel Wiesent

Kompass Fahrradkarte 3082 Bamberg, Haßberge, Steigerwald; Kompass Fahrradkarte 3096, Fränkische Schweiz, Kulmbach, Bayreuth

Das ist eine 4-Tagestour mit drei Übernachtungen durch den Steigerwald, das Maintal und die Fränkische Schweiz. Sie geht in Summe über 194 km und führt über einige Berge und insbesondere durch das Tal der Wiesent.

Egloffsteinerhüll-Schönbrunn-Stublang-Breitenlesau-Egloffsteinerhüll (194 km)

©2015 MapQuest - "Map data © OpenStreetMap and contributors.

Tag 1 Egloffsteinerhüll-Schönbrunn (54 km)
Egloffsteinerhüll-Dietzhof (6 km)
Egloffsteinerhüll ist ein kleiner Ort über der Stadt Egloffstein. Vom Parkplatz des Gasthofes Polster bin ich gegen 12.00 an einem Sonntag gestartet. Zunächst auf der Straße nach Leutenbach über Hundsboden geht es wellig dahin, bis es auf der Höhe von Seidmar steil bergab geht. Bei der Kapelle St.Moritz links abbiegen und unterhalb der Kapelle auf einem Waldweg fahren, der auf die Straße von Leutenbach nach Mittelehrenbach mündet. Hier links und wenig später rechts hinunter nach Dietzhof abbiegen. Das Wahrzeichen der Fränkischen, das Massiv des Walberla thront majestätisch am Gegenhang. Die **Brauerei Alt** (unbedingt vorher anrufen, meiner Erfahrung aus den letzten Jahren nach unregelmäßig geöffnet) liegt am Ortsausgang Richtung Schlaifhausen. Es gibt im Hof einen Biergarten, gute klassische fränkische Küche und ein schmackhaftes Dunkles.

Dietzhof-Greuth (18 km)

Vom Alt führt die Strasse zunächst Richtung Schlaifhausen. An einer Stelle, wo mehrere Wege links weggehen, den schräg rechts nach Gosberg abfahren. Von dort auf der Strasse vorbei an der Bahnhaltestelle Pinzberg rechts nach Siegritzau und weiter bis an den Stadtrand von Forchheim. Jetzt auf dem „Burgenstraße-Radweg" (BR) in die Stadt einfahren, auf Höhe der Sportplätze links bis zum großen Platz am Pfalzmuseum und von da links über die Autobahn und den MD-Kanal auf die andere Seite in den Stadtteil Burk. Knapp einen Kilometer auf der B470 fahren, dann geht es rechts ab und leicht aufwärts. Viele Wege führen durch den Staatsforst „Untere Mark", allen ist gemein, dass sie rund 80 Höhenmeter ansteigen. Gut ist es, wenn Sie auf dem Weg durch den Forst an der „Frankenmarter" und wenig später bei „Sechs Eichen" vorbeikommen. Dann sind Sie richtig und oben angelangt und können wiederum verschiedene Wege leicht nach links nehmen, die nach ca. 5 km hoffentlich in Willersdorf enden. Von da durch den Ort über die Aisch die Strasse nach Stiebarlimbach (Brauerei Roppelt) einschlagen und an der Kreuzung dort links Richtung Zehntbechhofen abbiegen. Nach weiteren ca. 3 km erreicht muf Greuth und findet im Ort die **Brauerei Fischer**. Neben dem eher schmucklosen Gasthof ist ein schattiger Biergarten. Zu Trinken gibt es ein helleres Lager und wer möchte kann auch ein Rauchbier erhalten. Seit einigen Jahren hat der Fischer auch einen Keller auf dem Weg nach Zehntbechhofen (auch Brauerei Friedel).

Greuth-Burgebrach (19 km)

Von Greuth zurück auf die Strasse. Über Zehntbechhofen und Schweinbach fahren wir bis zu einem Weiler mit Namen Wind. Dann links auf den Radweg nach Pommersfelden und dort vorbei am Wasserschloß auf die Strasse nach Steppach. Durchqueren und am Ortsausgang links – am Märzensee vorbei - nach Unterköst. Über Hirschbrunn geht die Strasse nach Treppendorf. Hier rechts auf die Strasse nach Burgebrach einbiegen. Es geht im Wald bergan. Wenn der Wald nach ca. 2 km endet, ist muf am Ortseingang über Burgebrach. Rechts liegt der schöne **Schwanen-Keller** (Brauerei Gasthof Schwan), ein typischer und klassischer mit Brotzeiten und einem süffigen hellen Kellerbier.

Burgebrach-Ampferbach (3 km)

Die Abstände zwischen den Einkehrschwüngen werden nun kleiner. Vom Schwanenkeller geht es steil bergab über die B22 nach Burgebrach rein. Fahren sie auf die Strasse nach Ampferbach. Nur einen letzten Anstieg entlang des Waldes gilt es noch zu bewältigen. Wenn die Kuppe erreicht ist, ungefähr 200m abfahren, dann scharf links, und Sie erreichen den Keller der **Brauerei Herrmann** (nebenan Max-Keller). Am Getränkeausschank kann muf neben Brotzeiten und Kuchen ein leckeres Kellerbier erhalten, der Keller selbst ist groß und hat viele Terrassen unter schattenspendenden Bäumen.

Ampferbach-Schönbrunn (4 km)

Vom Herrmann-Keller bis zum Ziel der nachmittäglichen Etappe ist es nun nicht mehr weit. Es geht abwärts, in Ampferbach links auf die Strasse nach Schönbrunn, das muf nach rund 5 km in Form der **Brauerei Wernsdörfer** findet. Es ist 18.00 und 54 km sind gefahren. Beim Wernsdörfer (vgl. Tour 24) ist alles gut, Essen variantenreich. Der Jahreszeit entsprechend – spätes Frühjahr - gibt es Spargelgerichte. Zu Trinken reicht der Gasthof ein solides, sehr trinkbares Lager. Die Übernachtung mit Frühstück (es gibt nur 5 Betten in 2 Räumen) ist gewohnt gut, zuletzt, meine ich, habe ich um 30,-€ bezahlt.

In der Nähe von Lisberg

Tag 2 Schönbrunn-Stublang (49 km)

Schönbrunn-Weiher (10 km)

Vom Wernsdörfer gegen 9.00 gestartet fährt muf aus dem Schönbrunn zunächst Richtung Grub bergan. Von dort über Lisberg nach Trabelsdorf (Brauerei Beck) und dann auf die Strasse nach Viereth-Trunstadt. In Trabelsdorf geht es rund 1,5 km ziemlich hoch. Oben am Wald kippt die Strasse steil ab. Wir erreichen wenig später den ersten Halt in Weiher. Die **Brauerei Kundmüller** mit großzügigem Biergarten liegt links. Ausgeschenkt wird ein helles Lager, vielfach prämiert sind die Biere der Brauerei.

Weiher-Appendorf (12 km)

Vom Kundmüller führt die Strasse auf einem Radweg parallel zur Strasse weiter abwärts bis nach Viereth (Brauerei Bayer, Mainlust). Hier links und dann am Kreisel rechts über die Mainbrücke bis nach Unterhaid. Von dort nach Oberhaid (Brauerei Wagner). Ungefähr in der Ortsmitte links abbiegen Richtung Lauter. Die Strasse geht sanft bergauf bis zum Scheitelpunkt, einem Parkplatz am kleinen Haussee, dann ca. 1 km abwärts bis nach Appendorf. An der Kreuzung rechts und schon sind wir beim zweiten Halt des Tages, rechts bei der **Brauerei Mazour-Fößel**. Der auch „Välta" genannte Gasthof bietet seit 2016 ein Dunkles von der Brauerei Wagner, Kemmern, und zeichnet sich ansonsten durch einen kleinen Biergarten und durch eine beeindruckende Sammlung von Musikinstrumenten aus.

Appendorf-Ebing (10 km)

Vom Välta dann auf der Strasse nach Baunach bleiben. In der kleinen Stadt (Brauerei Sippel) zunächst links kurz auf der B279 den Ort fast durchfahren, dann rechts über die Baunach und die Bahnstrecke bis kurz vor Daschendorf rechts auf einem Radweg fahren. In Daschendorf rechts runter, dann links an einem Wehr über die Itz und dahinter rechts auf einen Feldweg. Den bis zur B4 folgen, darüber geradeaus hinweg, rund 1 km weiter auf dem nun Betonplattenweg bleiben, dann links abbiegen, vorbei an einer kleinen Kläranlage erreicht muf wenig später Ebing. Auf dem Platz in der Dorfmitte liegt rechter Hand der **Schwanenbräu** (Vgl. auch Touren 17,18,19). Das Mittagessen ist gut, das dunkle Bier lecker. Die Wirtsleute, Mutter und Tochter sind sehr nett. Es hatte zuvor geregnet und die beiden hatten mir angeboten, meine nassen Klamotten kurz in den Wäschetrockner zu stecken. Habe ich gerne angenommen, prima, danke.

Ebing-Stublang (17 km)

So dass ich vom Schwanenbräu gestärkt und getrocknet weiterfahren konnte; leider – und wirklich eher die Ausnahme - immer noch bei leichtem Regen. Also, dann alsbald wieder nass, ging der Weg von Ebing auf dem MR über Zapfendorf, Unterleiterbach nach Ebensfeld (Ebensfelder Brauhaus). Hier auf einer Nebenstrasse bis nach Unterneuses (Brauerei Martin) und dann nach Pferdsfeld (Brauerei Leicht). Dort links Richtung Staffelstein. An einem kleineren Steinbruch rechts ab, unter der A73 hindurch nach Horsdorf und dann über Loffeld (Staffelbergbräu) nach Stublang zum Ende der heutigen Tagesetappe, der **Brauerei Dinkel**. Es ist kurz nach 15.00, wegen des Regens ging es heute etwas schneller als gewöhnlich und ohne weitere Einkehrschwünge in den zahlreichen Hausbrauereien des Maintals um Bad Staffelstein. Essen und Trinken, ein solides dunkleres Lager, gewohnt gut, Dusche heiß, Übernachtung mit Frühstück guter Standard; um 35,-€.

Tag 3 Stublang-Breitenlesau (45 km)

Stublang-Wattendorf (9 km)

Gut erholt am nächsten morgen gegen 9.00 bei schönem Wetter folgt der Anstieg auf das Plateau der Fränkischen über Frauendorf und End bis nach Wattendorf – diese 8 km Leidensstrecke habe ich diverse Male beschrieben (Vgl. z.b. Tour 21) und auch dieses mal ist es nicht besser. Am Scheitelpunkt oben in Wattendorf (auch Brauerei Dremel) liegt rechts die **Brauerei Hübner**. Der am Vormittag wenig frequentierte Gasthof bietet ein vorzügliches Mineralwasser…und das klassische Bier der Fränkischen, ein kräftiges Dunkles.

Wattendorf-Steinfeld (6 km)

Vom Hübner kurz zweimal links auf die Strasse nach Gräfenhäusling. Es geht in Wellen dahin, über Rossdorf am Berg und die A70 hinweg kurz durch einen Wald bis zur Kreuzung mit der B22 vor Steinfeld. Leicht erhöht liegt in Steinfeld – der Quelle der Wiesent -links über der Strasse die(andere) **Brauerei Hübner** mit Biergarten auf einer Terrasse. Es gibt Dunkles und eine gute Brotzeit.

Steinfeld-Sachsendorf (20 km)

Vom Hübner beginnt in Steinfeld eine sehr schöne Fahrt entlang der Wiesent – namensgebend für diese Tour – auf der nur sehr wenig befahrenen B22.

Karteln beim Hübner in Steinfeld – wie immer Haus und Hof verspielt

Die Strasse führt über Treunitz, vorbei an Wiesentfels und Freienfels mit seinen imposanten Burganlagen über dem immer breiter werdenden Fluss bis nach Hollfeld. In der kleinen, ziemlich verkehrsreichen Stadt fährt muf aus dem Wiesenttal links nach Aufsess und auf einen Radweg parallel zur Strasse. Der geteerte Weg führt immer leicht ansteigend über ca. 4 km bis nach Sachsendorf. Hier geht es kurz, jetzt auf der Strasse, steil bergab. Am Fuß des Gefälles liegt links die **Brauerei Stadter** mit Biergarten. Der Stadter − Alter Schneider − hat ein sehr leckeres kupferfarbenes Bier mit eigenem Geschmack, eines der besten Biere der Fränkischen.

Sachsendorf-Heckenhof (5 km)
Vom Stadter zunächst die Rampe kurz wieder hoch, dann rechts auf den BBT, gleichzeitig Brauereirundweg der „Weltrekordgemeinde Aufsess" (vier Brauereien auf ca. 1000 Einwohner). Der Feldweg geht durch Felder und Wälder und macht nach ca.3km an einer kleineren Weggabelung halt. Hier den Brauereirundweg nach rechts verlassen. Sie sind richtig, wenn Sie nach ca. 1,5 km bei zwei Sportplätzen rauskommen. Hier wird der Weg geteert und führt über eine offene von Feldern begrenzte Fläche bis zur Strasse vor Heckenhof. Diese überqueren und wenig später erreicht muf den großen Parkplatz vom **Kathi Bräu**, Eldorado und beliebter überregionaler Treff der Motorradfahrer. Radfahrer dürfen aber auch bleiben und können im Biergarten vor dem Haus ein sehr Dunkles nehmen. Das schmeckte früher ein wenig brandig, hat sich aber über die letzten Jahre zu einem sehr gut schmeckenden Bier gemacht.

Heckenhof-Breitenlesau (5 km)
Vom Kathi-Bräu kann muf sich schwer trennen, wir tun es trotzdem auf dem Brauereirundweg am hinteren Ende des Biergartens, durchqueren Heckenhof und fahren rechts durch ein Waldstück auf dem Wanderweg abwärts nach Hochstahl (Brauerei Reichold) und von dort über Zochenreuth und ein letztes Stück bergan bis nach Breitenlesau, dem Zielpunkt unserer heutigen Etappe zur **Brauerei Krug**. Es ist 16.30, 7,5 Std. Fahrt- und Sitzzeit und 45 km wurden bewältigt. Essen und Trinken ist sehr gut, der Conny Krug zu recht gut besucht und über die Maßen beliebt. Die Übernachtung ist de luxe in sehr schönen Zimmern (unbedingt vorbestellen), um 35,-€.

Tag 4 Breitenlesau-Egloffsteinerhüll (46 km)
Breitenlesau-Waischenfeld (7 km)
Die letzte Strecke unserer viertägigen Radtour führt uns morgens gegen 9.00 gestartet über Hubenberg und von dort abwärts zurück ins Wiesenttal. Einen ersten Halt stellt Waischenfeld und die **Brauerei Heckel** dar. Das ist eine Minibrauerei, die etwas abseits über die Wiesent hinweg nach rechts fahrend sehr unscheinbar im

ansonsten sehr touristisch geprägten Waischenfeld liegt. Üblicherweise ist der Heckel erst nachmittags geöffnet, wir hatten Glück und für die arbeitende Bevölkerung, zu der wir uns im wenig einladenden Gastraum zum Frühschoppen dazugesellt haben, gab es schon was zu trinken. Ein Dunkles also in einer dunklen Dorfkneipe. War okay.

Burg Rabeneck im Wiesenttal

Waischenfeld-Ebermannstadt (27 km)
Vom Heckel über eine Wiesentbrücke auf die Strasse nach Behringersmühle fahren. Es geht durch das sehr schöne Flusstal dahin, vorbei an Fliegenfischern, Burg Rabeneck und Doos, wo die Aufsess in die Wiesent mündet. An der Kreuzung zur B470 diese überqueren und am Gegenhang auf den Radweg, hier „Casanovas Ausritt" (CAS). Entlang der Wiesent und parallel zur alten Bahntrasse nun ein langes Stück bis nach Muggendorf radeln. Von dort um die Burg Neideck auf dem Sporn über dem Tal vorbei an Streitberg und Niederfellendorf bis zum Freibad und Campingplatz vor Ebermannstadt. Jetzt ist es nur noch ein kurzes Stück über die Strasse bis man die Wiesent erneut überquert und links in die Fußgängerzone einbiegt. Der **Schwanenbräu** residiert am Ende des Marktplatzes (hier auch Sonnenbräu), das erste Haus am Platz mit gutem Capuccino und einem sehr trinkbaren Dunklem.
Ebermannstadt-Unterzaunsbach (8 km)
Vom Schwanenbräu weiter durch die Fußgängerzone und weiter auf dem CAS entlang der Wiesent und einiger Flußarme bis nach Pretzfeld, wo wir das Wiesenttal Richtung Egloffstein verlassen, aber immer noch auf dem CAS fahren.

An der Wiesent in Ebermannstadt

Über Hagenbach und hier links durch das Tal der Trubach geht es wunderschön bis nach Unterzaunsbach und zur **Brauerei Meister**. Hier gibt es ein typisch dunkles Bier der Fränkischen Schweiz...seit 2017 aus dem Getränkekühlschrank.

Unterzaunsbach-Egloffsteinerhüll (4 km)
Vom Meister über den Parkplatz und die Trubach zurück auf den CAS nach Oberzaunsbach fahren und dort rechts nach Hundshaupten einbiegen. Das letzte Stück der Radtour führt von dort vorbei am Tierpark steil bergan. Am Ende eines atemraubenden Steilstücks kommt muf aus dem Wald in Hundshaupten (früher, seufz, Brauerei Pöhlmann) an. Wer geglaubt hat, das wäre das Ende des Anstiegs, wird eines Besseren belehrt. Es geht noch mal hoch. Rund 500m hinter dem Ort links auf einen Feldweg abbiegen, der in einem Waldstück am Gehege des Tierparks entlang führt. Wenn muf oben aus dem Wald kommt, öffnet sich eine Hochebene mit Wiesen und Feldern und Egloffsteinerhüll, der Start- und Zielpunkt der Tour ist zu sehen. An der Strasse rechts liegt 50m weiter der Gasthof Polster und der Parkplatz. Es ist 15.00, 6 Std. Fahrzeit und 46 km kurz war die letzte Tagesetappe.
Insgesamt führte die Radtour über vier Tage und drei Übernachtungen mit einer Gesamtstrecke von 194 km, davon zwei „halbe Tage", die An-und Rückfahrt gut ermöglichen. Landschaftlich wurde das Aischtal, der Steigerwald und das Maintal berührt. Die Tage 3 und 4 standen dabei im Zeichen einer Fahrt durch eines der schönsten Flusstäler Deutschlands – das Wiesenttal in der Fränkischen Schweiz.

22. Einfach nur schön

Kompass Fahrradkarte 3082 Bamber, Haßberge, Steigerwald; Kompass Fahrradkarte b3096, Fränkische Schweiz, Kulmbach, Bayreuth

Dies ist eine Tour über vier Tage durch den Steigerwald, Ausläufer der Hassberge, das Maintal und die Fränkische Schweiz. Mit Bergen, vielen Flusstälern und klassischen Einkehrschwüngen.

Weigelshofen-Oberschleichach-Stublang-Breitenlesau-Weigelshofen (200 km)

©2015 MapQuest - Map data © OpenStreetMap and contributors.

Tag 1 Weigelshofen-Oberschleichach (56 km)
Weigelshofen-Sambach (22,5 km)
An einem Sonntag nach mittag gegen 13.00 von der Brauerei Pfister Richtung Eggolsheim auf dem Fahrradweg losgefahren. Bei Neuses über den Main-Donau-Kanal, vorbei an Schlammersdorf (Brauerei Witzgall) über die Aisch in Trailsdorf nach Hallerndorf (Brauereien Lieberth und Rittmayer) auf der Straße bis auf die Höhe nach Willersdorf, dort vor dem Ort rechts leicht bergan auf die Strasse nach Stiebarlimbach (Brauerei und Keller Roppelt). Dann links über Greuth (Brauerei Fischer) nach Zehntbechhofen (Brauerei Friedel). Hinter dem Ort nach ca. 200m rechts abbiegen, über Schweinbach – der Blick ins Tal ist weit und schön, in sanften Kurven geht es dahin - und den Weiler Wind leicht abwärts, über die Reiche Ebrach an der Kreuzung links auf der Strasse nach Sambach rein und an der Kirche liegt der erste Halt, die **Brauerei Hennemann**. Hier gibt's ein Dunkles und ein sehr gutes Weizen, die Landweisse.

Sambach-Grasmannsdorf (11 km)

Vom Hennemann fährt muf zunächst auf der Strasse Richtung Steppach, überquert die Bahntrasse und biegt wenig dahinter rechts auf eine Nebenstrasse nach Weiher ab. Weiher ist klein, wenn Sie im Ort ein sehr lila Haus sehen, dann fahren Sie davor links auf einen geteerten Feldweg, der durch ein offenes Tal, vorbei an einem Aussiedlerhof mählich steigend auf einen Wald zuführt, den man hinter Weiher nach ca. 2 km erreicht. Der Weg wird nun zum Waldweg, führt leicht bergan und zieht sich über mehrere, ruhige Kilometer bis zu einem T-Kopfstück vor einem Maisfeld. Wir biegen nach links und kommen nach wenigen hundert Metern an eine Landstrasse. Gegenüber liegt Küstersgreuth, wir fahren rechts kurz bergan. Dann beginnt eine längere Abfahrt auf der Landstrasse, vorbei an Tempelsreuth bis nach Unterneuses. In Unterneuses suchen wir rechts den kurzen Radweg nach Oberharnsbach, dort die B22 überqueren und links geht es vorbei an einem großen Reiterhof nach Grasmannsdorf. Angekommen im Ort, kurz nach rechts und nach ca. 50m winkt links der **Brauerei-Gasthof Kaiser** mit Terrasse unter Bäumen und dem einmaligen Weizen (vgl. z.B. Tour 1)

Grasmannsdorf-Trossenfurt (16 km)

Vom Kaiser geht es weiter auf der kaum befahrenen Nebenstrasse nach Dietendorf, von da ab bergauf – auf dem BBT – nach Steinsdorf, und noch mal kurz bergauf bis zum Frenshof. Von da an bergab über Lisberg, vorbei an der Burg runter bis hinter den Ort, dann links auf dem BBT entlang der Weiher bis auf die Höhe von Trabelsdorf (Brauerei Beck). Wir bleiben links und kommen wenig später nach Neuhausen, fahren rechts auf die Strasse, und an der Kreuzung biegen wir links ab – es geht hoch – nach Priesendorf (Brauerei Schrüfer). Von dort über Kirchaich, immer mal wieder auf einem Radweg führt rechts die Strecke nach Trossenfurt. Nach wenigen hundert m im Ort sieht muf rechts mit renoviertem Gasthof die **Brauerei Roppelt** (rechter Hand mit Keller am Ortsausgang Richtung Weissbrunn) – und halten. Der Roppelt hat ein feines und leckeres Dunkles, auch ein helles Lagerbier, und am Sonntagnachmittag bietet er auf Nachfrage Kuchen. Ich habe gleich einen Käsekuchen bestellt – einen, der wohl aufgetaut aus der Mikrowelle kam, irgendwie gleichzeitig warm und kalt war, aber ganz gut schmeckte.

Trossenfurt-Oberschleichach (6,5 km)

Vom Roppelt (hat einen Kellerbetrieb ab ca. 16.00), der jeden Besuch wert ist, geht es auf der Strasse nach Tretzendorf, dann links auf einem Radweg, durch eine Weiherlandschaft rechts zurück auf die Strasse. Nach weiteren ca. 3km wird Unterschleichach erblickt. Im Ort – an der ehemaligen Brauerei Neeb – geht es rechts kurz hoch auf einem Radweg links von der Strasse Richtung Oberschleichach.

Am Gasthaus links die Strasse hoch...

Nach noch nicht mal 1km wird der Ortseingang erreicht, kurz dahinter liegt links der von der Strasse aus eindrucksvoll große Treppen-Eingang der **Brauerei Zenglein** (mit dem Fahrrad drumrum fahren bis hinten in den Hof). Der Zenglein, ein gern besuchter Gasthof, bietet eine solide Auswahl fränkischen Essens im Biergarten oder im schönen Gastraum und ein schmackhaftes helles Zwickel. Die Wirtsleute sind sehr zuvorkommend. Die Übernachtung mit Frühstück ist eher rustikal, zuletzt 2013 um 28,-€ für ein EZ - ein ganz gutes Preis-Leistungsverhältnis.

Tag 2 Oberschleichach-Stublang (65 km)
Oberschleichach-Steffeld (11,5 km)
Vom Zenglein morgens gegen 9.00 gestartet geht es zunächst zurück nach Unter-schleichach, beim Neeb links auf die Strasse nach Eltmann. Hier beginnt ein – nach dem Frühstück und wenig vorbereitet - harter und fieser Aufstieg in ein Waldstück, vorbei am groß dimensionierten Kriegerdenkmal. Auf der Höhe verläßt muf nach ca. 4 km abwärts fahrend den Wald und befindet sich auf einem Sattel mit klarem Blick in die Ferne und erahnt das Maintal. Das öffnet sich dem Radler auf der nun folgenden teilweisen steilen Abfahrt bis nach Eltmann (früher neben der Kirche und heute leider, leider nicht mehr: Lammbräu). Die kleine Stadt bis zur Kreuzung herab, dann – nicht zu vermeiden - auf der B26 oder dem Bürgersteig Main und A70 überquerend nach Ebelsbach fahren. Hier auf die Strasse Richtung Stettfeld, kurz hinter Ebelsbach rechts runter auf einen Radweg, der parallel zur Bahn und zur A70 bis auf die Höhe des Ortes führt, dem Weg leicht aufwärts links folgen. Im Ort liegt links an der Strasse der erste Halt des heutigen Tages, der **Adler-Bräu**. Es

geht in einen umbauten Hof, der einen kleinen und durchaus gemütlichen Biergarten beherbergt. Familie Merklein bietet ein solides Lager. Der Gastraum ist der einer Dorfkneipe, heimelig und a weng dunkel, typisch und echt halt.

Stettfeld-Reckendorf (17 km)

Vom Adler zunächst auf die Strasse Richtung Appendorf/Baunach fahren. Am Ortsausgang dann aber – Obacht - links auf einen geteerten Weg, der an einer Kapelle vorbei wenig später bergan aus dem Maintal steil ansteigt. Oben raus macht er einen kurzen Schlenker nach links und führt dann in den Wald. Bitte versäumen Sie es nicht vor dem Wald den Blick zurück auf das Maintal zu werfen. Grandios.

Im Wald geht es sanft bergan auf einem ungeteerten Weg (nicht wundern: manchmal benutzen ihn ortskundige einheimische Autofahrer als Abkürzung) bis auf eine Höhe. Der Wald endet und macht einer geteerten Strasse Platz, der Sie geradeaus abwärts folgen. Sie sind richtig, wenn Sie ca. 2 km nach dem Wald in Deushof landen.

Unten im Ort und im Tal der Lauter biegen muf links ab. Es geht auf einer wenig befahrenen Landstrasse ruhig und romantisch bis nach Leppersdorf. Am Dorfplatz rechts leicht hoch fahren, durch schöne Felder und Wiesen, vorbei an einem Hof linker Hand bis auf die Höhe, dann

Auf dem Weg von Stettfeld nach Deushof

abwärts bis zu einer Strasse, hier rechts. Wenig später durch Priegendorf und auf einem Radweg parallel zur Strasse über Dorgendorf – immer sanft abwärts – bis zur Kreuzung mit der B279. Diese und wenig später die Baunach überqueren, dann links in Richtung auf einen Bauernhof abbiegen. Daran geht es vorbei und immer entlang der Bahnlinie bis nach Reckendorf. Links in den Ort, an der Kreuzung zur Hauptstrasse rechts und wenig später erreicht muf rechter Hand die **Brauerei**

Schroll. Hier gibt's ein gutes Dunkles und für kleines Geld ein sehr ordentliches Mittagessen.

Reckendorf-Wiesen (26 km)

Vom Schroll auf dem Radweg durch das Baunachtal bis nach Laimbach fahren, dahinter rechts auf den Nebenstrasse nach Untermanndorf, über die Bahntrasse (Obacht!) und dann links auf der Strasse über Gräfenholz bis nach Treinfeld. Die Strasse ist sehr wenig befahren, ruhig und schön, nur manchmal – mitunter tutend - gleitet die Bahn nach Ebern vorbei. In Treinfeld rechts auf die „Straße der Fachwerkromantik". Ist zwar durchaus romantisch, steigt aber ziemlich an, bis zu einem kleinen Ort namens Othmannsberg. Auf der Höhe kurz dahinter führt die Strasse abwärts nach Mürsbach (Sonnenbräu). Wir sind nun im Tal der Itz. Auf dem „Burgenstrasse-Radweg" (BR) führt der Weg entlang des träge dahingleitenden Flusses über Gleusdorf nach Untermerzbach. Dort rechts über die Itzbrücke bis nach Kaltenbrunn (Brauerei Schleicher). Von dort über die B4 auf den Radweg rechter Hand und ca. 200m später rechts auf dem nun „Thermen-Radweg" (TR) durch ein sanft ansteigendes Tal mit Hühner- und Bauernhof bis nach Draisdorf fahren. Auf dem TR weiter. Es geht ganz knackig bergauf, ca. 1 km. Auf der Höhe wenig danach rechts dem TR folgend nun abwärts ca. 3 km bis nach Wiesen ins Maintal (Brauerei Hellmuth) fahren. Im Ort unten links steht man vor der **Brauerei Thomann**. Hier gibt's auf der - schmucklosen - Terrasse neben einem feinen Dunklen auch ein Weizen.

Wiesen-Stublang (10 km)

Vom Thomann Richtung Staffelstein über die Mainbrücke fahren. Durch Unterzettlitz auf verschieden möglichen Wegen unter der A73 hindurch bis nach Horsdorf. Von dort über Loffeld (Staffelberg-Bräu) nach Stublang (auch Brauerei Hennemann) bis zum **Brauerei-Gasthof Dinkel**. Es ist 16.00, 65 km und rund 7 Std. Fahrzeit durch viele schöne Täler und Landschaften. Das reicht, war überaus schön, und ich freue mich sehr auf die Dinkels (Vgl. auch z.B. Tour 20). Essen, Trinken und Übernachtung mit Frühstück (zuletzt 32,-€) sind gewohnt gut. Schlafen ist mit Blick auf den kommenden Tag nicht unwichtig…

Tag 3 Stublang-Breitenlesau (38 km)

Stublang-Wattendorf (9 km)

„Es lebe der Sport, er hält uns fit und macht uns hoart". Ja, ich weiß…Wiederholungen gefallen nicht, aber nehmen Sie es hin. Vom Dinkel beginnt die Tour am 3. Tag mit dem „Hang" rauf auf das Plateau der Fränkischen. Muf nehme also die Strasse über Frauendorf, End, Kümmersreuth nach Wattendorf, ca. 9 km voller Leiden. Es geht zunächst sanft, dann mählich und ab End stetig steil am Kieswerk vorbei auf der Strasse bis nach Kümmersreuth bergan. Kleine Verschnaufpause mit Abwärtsfahrt bis zur Kreuzung unterhalb von Wattendorf (auch Brauerei Dremel), dann links hoch durch den Ort bis zur **Brauerei Hübner**. Tief Luft holen, absteigen - wenn Sie nicht die letzten 500m ohnehin geschoben haben -, Trikotwechsel. In jedem Fall viel - besser ganz viel - Wasser tanken und ggf. zur Stärkung das kräftige Dunkle einflössen; wenig später kann muf meiner Erfahrung nach wieder fehlerfrei den eigenen Namen buchstabieren. Einige telefonieren, um den Liebsten frisch und anschaulich von den Schrecken naiv-optimistisch geplanter Radtouren zu berichten. Schlimmer geht's nimmer, so der Tenor…

Wattendorf-Steinfeld (8 km)
Quasi als Relax-Tour geht es vom Hübner links, links auf die Strasse und dann wellig nach Gräfenhäusling. Uns kann ja nun auf dem Hochplateau der Fränkischen nichts mehr schocken und so führt der Weg über Roßdorf am Forst über die A70 hinweg ins Tal der Wiesent.

In Steinfeld, an der Wiesentquelle, liegt linker Hand leicht erhöht die **Brauerei Hübner** (diesmal Hübner, Otto). Bei leckerem Vollbier aus dem Krug und einem Brotzeitteller beginnt auf der Biergartenterrasse definitiv der entspanntere Teil der Tages. Es sitzt sich gut…

Steinfeld-Sachsendorf (13 km)
Vom Hübner Otto radeln wir auf der – wenig befahrenen - B22 Wiesentabwärts durch eines der schönsten Flußtäler der Fränkischen. Vorbei am Einstieg zum Paradiestal (sehr schöne Wanderstrecke), später mit Blick auf einige der Kletterfelsen geht es über Treunitz nach Wiesentfels mit seiner Burg, danach über Loch und Freienfels. Das gleitet, obwohl einige Kilometer gefahren werden wollen, leicht dahin, weil der Blick im engen Tal immer wieder neue Eindrücke bietet, bis nach Weiher. Kurz dahinter beginnt Hollfeld. Im Ort - es gibt viele Abzweigungen dort - biegen wir rechts, und aus dem Wiesenttal, auf die Strasse nach Sachsendorf. Parallel zur Strasse führt ein Radweg leicht aber stetig bergan, bis auf die Höhe über Sachsendorf. Dann geht es auf der Strasse kurz steil bergab, vor Ende der Abfahrt liegt links der Gasthof der **Brauerei Stadter**. Hier gibt es auf der kleinen Terrasse ein kupferfarbenes, sowohl sehr leckeres als auch geschmacklich eigenes Bier.

Sachsendorf-Breitenlesau (8 km)
Vom Stadter zunächst und gemeinerweise kurz wieder zurück bergan, dann kurz vor der Kuppe rechts hoch. Folgen Sie der Ausschilderung des „Brauereienwegs", es ist zudem der BBT. Über dem Ort angelangt, dann durch Felder, Wiesen und Waldpassagen bis nach Hochstahl (Brauerei Reichold) fahren.

In Hochstahl auf die Strasse nach Zöchenreuth einbiegen. Von dort – es ist das letzte Mal für heute – bergan nach Breitenlesau. Den **Brauerei-Gasthof Krug** kann muf im Ort nicht verfehlen. Es ist 17.00. War nach nur 38 km anstrengend und sehr schön heute. Der Krug, Conny ist überregional bekannt und zurecht sehr beliebt.

Da ist was los. Biergarten und Gasthof sind

Programmatisches in Steinfeld

immer voll besetzt. Das übliche Bier, ein Dunkles ist gut und süffig, das Essen paßt.

Mittelpunkt der Äggschen – Brauerei Konrad „Conny" Krug

Die Übernachtung, die rechtzeitig gebucht werden sollte (im Sommer am Wochenende wegen großem Zuspruch schwierig, unter der Woche geht's einfacher), ist nach Renovierung - um 2009 herum - sehr komfortabel, insofern de luxe, zuletzt ca. 35,-€. Manchmal ist es laut, Betrieb halt.

<u>Tag 4 Breitenlesau-Weigelshofen (41 km)</u>
Breitenlesau-Ebermannstadt (16 km)
Vom Conny gegen 9.30 aufgebrochen fahren wir zuerst nach Siegritzberg, dann nach Wüstenstein. Aus dem Tal der Aufsess geht es dann gut hoch. Oben im Ort schlagen wir uns über Feldwege auf die Strasse nach Siegritz durch. In Siegritz links nach Leidingshof und dann geht es steil bergab ins Leinleitertal – wunderschön durch den Wald – nach Veilbronn. Veilbronn ist touristisch erschlossen, wie uns scheint ein Rentnerparadies. Auf der Terrasse eines der Hotels geniessen wir einen morgendlichen Cappucino und einen schönen Ausblick, bevor wir unten auf den Leinleiterradweg links einbiegen. Dieser führt uns – immer sanft abwärts auf der alten Bahntrasse - über Unterleinleiter und Gasseldorf rechts auf den Radweg nach Ebermannstadt (auch Brauerei Sonne) führt. Über den Marktplatz erreichen wir vor Kopf schließlich den **Schwanenbräu**. Gereicht wird ein kräftiges Dunkles.

Ebermannstadt-Forchheim (15 km)
Viele Wege führen nach Forchheim. Abseits der Straßen empfiehlt es sich auf dem BBT und dem „Fränkische-Schweiz-Radweg" (FSR) zu fahren. Dieser geht, vorbei an Pretzfeld (Nikl-Bräu), Kirchehrenbach und Reuth bis an die Stadtgrenze von Forchheim. Am Marktplatz, in der Stadt und am Kellerberg (Brauereien Greif, Neder, Hebendanz, Eichhorn) gibt es vielfältige Einkehrmöglichkeiten.

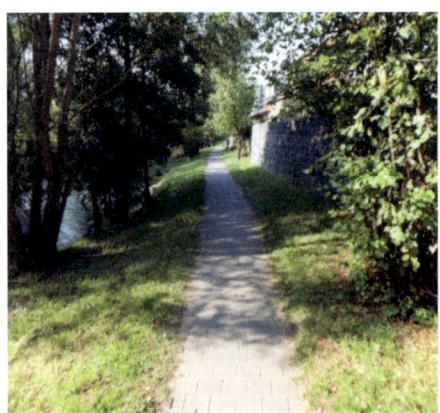

Forchheim-Weigelshofen (10 km)
Je nachdem, wo Sie in Forchheim einkehren (Stadtmitte oder Kellerwald), folgen Sie bitte den ausgeschilderten Radwegen Richtung Norden bzw. Kellerwald, dann nach Bammersdorf. Ohne in den Ort selbst zu fahren geht es auf Strasesenähnlichen Wegen schließlich nach Eggolsheim, das Sie auf der Höhe der Sportplätze erreichen. Fahren Sie Richtung oberes Ende bis zur Einmündung auf die Strasse nach Drügen-

An der Stadtmauer von „Ärmerschtoodt" (Ebermannstadt)

dorf, linksparallel zur Strasse führt ein Radweg zurück nach Weigelshofen, das knapp 4 km hinter Eggolsheim erreicht wird. Es ist nach ca. 41 km 15.00. Als Ganzes einfach nur schön...
Start und Zielpunkt der viertägigen Reise durch Steigerwald, Hassberge, Maintal und Fränkische Schweiz ist nach in Summe 200 km die **Brauerei Pfister**, Ausgangspunkt weiterer Reisen (Vgl. Touren 6,7,8,10,18).

23.   Schlaflos im Sattel: 6 Tage und 7 Nächte

Kompass Fahrradkarte 3082 Bamberg, Haßberge, Steigerwald; Kompass Fahrradkarte 3096 Fränkische Schweiz, Kulmbach, Bayreuth

Im Steigerwald, dem Aischgrund, in der Fränkische Schweiz, Veldensteiner Forst und Maintal: Oberschleichach-Oberreichenbach-Huppendorf-Gräfenberg-Altdrossenfeld-Sesslach-Oberschleichach (466 km)   ©2015 MapQuest - "Map data © OpenStreetMap and contributors.

Tag 1 Oberschleichach-Oberreichenbach (80 km)

Oberschleichach-Theinheim (18 km)

Nach Übernachtung beim Zenglein (Zimmer rustikal, 30 €) gegen 9.30 aufgebrochen. Zunächst nach Unterschleichach und von dort über Tretzendorf nach Trossendorf. Hier rechts abbiegen nach Hummelmarter. Es geht bergauf, ca. 2 km. Den Ort durchfahren und links Richtung Dankenfeld. Wenig später rechts auf einen Waldweg, der in Fürnbach endet. Da beginnt links und rechts ein Radweg. Vor Prölsdorf rechts halten, abfahren und in Falsbrunn links parallel zur Strasse bis nach Theinheim zur **Brauerei Bayer** fahren. Der Bayer hat ein helles Lager.

Hummeln werden nicht gefoltert - Danke...

Theinheim-Burgebrach (18 km)
Zurück auf dem Radweg über Falsbrunn, vorbei an Prölsdorf und Halbersdorf geht die Fahrt über Zettmannsdorf (Brauerei Seelmann), Schönbrunn (Brauerei Wernsdörfer) nach Ampferbach (Brauerei Herrmann). Von hier über Dietendorf nach Grasmannsdorf (Brauerei Kaiser).

Dann über die Brücke mit den sieben Heiligen und nach weiteren 2 km erreicht muf Burgebrach und im Zentrum die **Brauerei Schwan**. Sollte der Schwan geschlossen haben, weil der übliche Betrieb auf dem Keller stattfindet, kann Ersatz direkt nebenan im soliden Gasthaus „Zum Hirsch" gefunden werden (Biere Kaiser, Neuhaus a.d.P. und Kundmüller, Weiher).

Burgebrach-Uehlfeld (30km)
Der Weg vom Schwan nach Uehlfeld ist weit (er kann auch gemittelt werden auf der Strecke z.B. in Aisch (Rittmayer) oder schon vorher in Sambach (Brauerei Hennemann). Dazu fährt man in Burgebrach auf die Hauptstrasse Richtung Bamberg und wenig später rechts hoch auf der Strasse nach Försdorf. Das ist nur eine Ansammlung von 4, 5 Häusern; dahinter steigt der Weg steiler an. Nach ca. 2 km erreicht muf jedoch bereits Hirschbrunn. Von dort auf die Strasse nach Unterköst und Steppach. Im Kreisel rechts nach Pommersfelden. Hier zunächst der Beschilderung des Radweges, der „Bischöflichen Tour" (BT) folgen. Hinter dem Schloß auf dem Weg nach Limbach dann dem Radweg nach Höchstadt folgen. Es geht unter der B505 hindurch über Bösenbechhofen und Saltendorf, dann wellig nach Etzelskirchen und dann ist muf in Höchstadt. Da irgendwie hindurch , über die Aisch und auf den Aischtalradweg. Dann über Sterpersdorf, vorbei an der Antoniuskappele links auf dem Berg nach Voggendorf (Keller der Brauerei Prechtel). Da das Wetter nicht nur schlecht, sondern bes...regnerisch ist, fahre ich bis nach Uehlfeld (auch Brauerei Zwanzger) zur Brauerei Prechtel. Die bietet in einem geräumigen und von Fussballübertragung beschalltem Gastraum ein Helles und ein gut trinkbares Weizen.

Uehlfeld-Oberreichenbach (12 km)

Vom Prechtel auf der Strasse Richtung Neustadt und dann hinter dem Städtchen links auf den Radweg. Diesen in Demantsfürst links durch den Ort verlassen und wenig später rechts nach Peppenhöchstadt fahren. Von dort über Rohensaas nach Arnshöchstadt. Hier kurz rechts, sofort wieder links und auf einer Fahrt über Flurwege, durch den Wald und vorei an Karpfenteichen erreicht muf Rezelsdorf. Hier andersrum, d.h. kurz links dann rechts und durch den Wald hoch Richting Obbereichenbach. Sie sind richtig, wenn Sie vor dem Wald zwischen zwei größeren Karpfenteichen hindurch fahren, alle Vögel aufscheuchen und danach der Weg im Wald sanft ansteigt. Oben ist ein T-ende. Wenn muf nicht weiß, ob links oder rechts, dann fahren Sie einfach geradeaus, auf einem allerding schlechten Waldweg mit Ziegelschotter. Der ist zum Glück nur kurz und mündet nach ca. 400m rechts auf die Strasse nach Oberreichenbach. Nach ca. einem weiteren km erreichen Sie die **Brauerei Geyer** (Vgl. Tour 13, 27) das Ziel der heutigen 1. Etappe. Puh, geschafft, es ist 17.30, 80 km durch Regen und über „Stock und Stein" (zugegeben auch viele geteerte Radwege) liegen hinter uns. Warme Dusche tut gut, Speis und Trank von Geyers ebenso. Ohne jegliche Einschränkung empfehlenswert ist das Rotbier nach altem Hausrezept. Meist getrunken ist wohl der Haustrunk, das Keller. Die Übernachtung ist guter Standard, zuletzt 35,-€. Alles ist gut.

Tag 2 Oberreichenbach-Huppendorf (71 km)

Oberreichenbach-Stiebarlimbach (31 km)

Gut erholt vom Ritt des Vortages brechen wir am nächsten Morgen gegen 9.00 auf. Auf der Strasse geht es über Sintmann, Weisendorf, Hannberg und Röhrach zunächst nach Röttenbach (Brauerei Sauer). Von dort über Hemhofen und Zeckern über die B470 durch den Wald nach Weppersdorf, hier über die Aisch nach Lauf und rechts weg wenig später nach Haid. Direkt am Ortsausgang links durch den Wald, vorbei an Weihern leicht hoch bis nach Stiebarlimbach und zum Keller der **Brauerei Roppelt**. Der Roppelt hat ein sehr süffiges Keller und auch ein gut trinkbares Weizen, beides gut für einen Frühschoppen.

Stiebarlimbach-Hirschaid (12km)

Vom Roppelt über Hallerndorf und Trailsdorf nach Seußling. Hier runter über die Regnitz auf den „Aischtalradweg (AR), der entlang des Main-Donaukanals bis nach Hirschaid führt. Hier über die Brücke. Die **Brauerei Kraus** liegt gleich unten an der Brückenabfahrt links. Großer Biergarten, gutes und günstiges Essen, ein solides Weizen. Der Gasthof ist immer gut besucht, neben mir sitzt ein Einheimischer mit Bildzeitung. Auf meine Frage „Was gibt's Neues? antwortet er: „Montag, 12.55". Später (2. Dialog: Wohin? Tiefenellern) gibt's dann aber doch noch ungefragt Tipps, wie muf am besten weiterfährt nach Tiefenellern; Tipps eines Fußgängers, die auch irgendwie keiner braucht.

Hirschaid-Tiefenellern (20 km)

Basteln Sie sich irgendwie durch Hirschaid. Günstig ist es durch den Tunnel Richtung Möbelhaus Neubert zu fahren und dann links durch Wohngebiete und dann irgendwie rechts auf die Strasse. Schlagen Sie dann den Weg nach Amlingstadt ein. Hier ist ein Schild (Brauerei Sauer, Rossdorf). Diesem Signal wie ein Pawlowscher Hund folgen. Von Rossdorf geht ein Radweg nach Geisfeld. Er geht am Ortsausgang kurz giftig bergan, vorbei am Griesskeller (Brauerei Griess). Dann in Geisfeld (Brauerei Krug) auf die Strasse nach Litzendorf fahren. Es geht kurz etwas hoch, danach entlang der Strasse abwärts und kurz vor Litzendorf wieder hoch.

Im Ort, ungefähr auf der Hälfte einer Abfahrt rechts, durch ein Wohngebiet und auf den Brauerei- und Bierkeller Tour (BBT) – Radweg. Über Lohndorf (Brauerei Hölzlein) geht es nach Tiefenellern und zur **Brauerei Hönig**. Das ist eine alte Poststation vor einem mächtigen Berg. Radfahrer werden hier ähnlich interessiert und mitleidsvoll gemustert wie Bergsteiger am abend vor dem Matterhorn. Gesprochen wird wenig, bringt wohl Unglück, sich mit Bekloppten zu unterhalten. Als letzte Stärkung gibt's ein Lager oder ein rauchiges „Posthörnla", beides gut geeignet, um die folgenden Schmerzen zu lindern.

Der Ausleger des Gasthofs zur Post – heute….nur noch ein Briefkasten

Tiefenellern-Huppendorf (7 km)

Vom Hönig geht es an den Tiefenellerner Berg, der auf das Plateau der Fränkischen führt. Das ist eine Strecke von nur wenig mehr als 2 km, aber eine echte „Manntöte". Es beginnt harmlos mit einer weiten Schleife, steigt danach aber in Serpentinen mit 8 % kontinuierlich bis oben an. Wie ein „klitze"kleiner Alpenpass, der am Ende eines Radfahrtages mir die letzten Körner raubt.

Oben angekommen, biege ich nach rechts Richtung Hollfeld und kurz danach nochmal links präzisierend nach Laibarös ab. Als Erscheinung auf dem Berg kommt ein Pferdegespann aus einem Feldweg und kreuzt die Strasse. Der Alte auf dem Kutschbock zeigt auf mich und sagt: „Sie sind luftig angezogen." Klar du Depp, denke ich, war halt etwas anstrengend den Berg rauf, aber ich sag nichts, zu atemlos, und es könnte ja auch Petrus vor der Himmelspforte sein.

So fertig wie ich aussehe, hätten die mich aber eh nicht reingelassen. Egal, bis Laibarös geht's wellig dahin. Dahinter führt ein Feldweg, der immer schlechter wird, nach Huppendorf und zur **Brauerei Grasser**. Angekommen küsse ich aus Dankbarkeit die Parkplatzeinfahrt, es ist 17.00. 71 km mit bösem Berg am Ende liegen hinter mir. Gelobtes Land mit sehr leckerem Dunklem, zu Essen kredenzt der Grasser einen Zwetschgenbames wie keinen zweiten. Bin wohl doch im Himmel…
Die Übernachtung ist guter Standard-de luxe, die Wirtsleute wie immer sehr freundlich und zuvorkommend. Die Zimmer, so auch meines, wurden kürzlich renoviert. Bezahlt habe ich nach Renovierung 35,-€.

Tag 3 Huppendorf-Gräfenberg (65 km)
Huppendorf-Breitenlesau (18 km)
Heute wird es bergig, viele Steigungen. Vom Grasser gegen 9.00 aufgebrochen führt der Weg auf dem BBT zunächst nach Kotzendorf und runter an die Aufsess. Von dort über Voitmannsdorf dann auf die Strasse nach Drosendorf. Hier biegen Sie Richtung Neuhaus ab. Trauen Sie sich bitte kurz danach links runter auf einen Feldweg zu fahren. Das ist eigentlich ein Wanderweg, der an der Aufsess entlang geht, er ist zunächst gepflastert, später wird er zwar immer schlechter und geht am Ende kurz – ca. 300m - mehr über eine Wiese, er geht aber auch über die Aufsess und findet kurz dahinter Sachsendorf (Brauerei Stadter). Folgen sie der Beschilderung des BBT aufwärts Richtung Hollfeld und nach ca. 100m rechts, resp. dem Brauereienweg der Weltrekordgemeinde Aufsess. Sie erreichen geleitet durch Flur und Wald nach ca. 6 km Hochstahl (Brauerei Reichold). Fahren Sie dann im Ort links weg auf die Strasse rechts nach Zochenreuth, dort hindurch und nach weiteren ca. 2 km leicht wellig aufwärts erreichen Sie Breitenlesau und die **Brauerei Krug**. Hier gibt's ein leckeres Dunkles.

Breitenlesau-Oberailsfeld (9 km)
Vom Conny Krug über Hubenberg nach Heroldsberg. Hier rechts Richtung Saugendorf fahren, allerdings nicht bis dahin. Nach ca. 2 km geht es links steil bergab ins Tal der Wiesent…und leider gegenüber wieder sehr, sehr steil bergan nach Eichenbirkig. Was zum Schieben Von dort sind es über die Strasse – das meiste bergab – noch ca. 2 km nach Oberailsfeld und zur **Brauerei Held**.

(Alternativ können Sie von Eichenbirkig nach Köttmannsdorf und zum Maihof fahren, der vielleicht schönste Biergarten in der Fränkischen, ganz unter Obstbäumen, Bier vom Krug in Breitenlesau; oder zur Burg Raben-

Kunst in der Natur...Grüner Mann bei Tiefenellern beschwört den Berg

stein, imposant über dem Ailsbachtal). Der Held ist ein weiterer klassischer Brauereigasthof in der Fränkischen (Vgl. Tour 18), der viel von Wanderern rund um die Burg Rabenstein angelaufen wird. Er hat ein Helles und ein Dunkles - beide gleichermaßen schmackhaft - im Ausschank, ferner gutes Essen.

Blick vom Biergarten der Brauerei Hufeisen auf Burg Pottenstein

Oberailsfeld-Pottenstein (8 km)

Vom Held fahren Sie Richtung Kirchahorn und der Burg Rabenstein. Nach knapp 1 km biegt die Strasse rechts nach Pottenstein ab…Sie bitte auch, es sei denn, Sie möchten noch einen Blick auf die imposante Burg im Ailsbachtal werfen (empfehlenswert). Über Kleinlesau und Rackersberg geht es nach Wohlmannsgesees und von dort nach Pottenstein (auch Brauerei Mager) zur **Brauerei Hufeisen**. Im Angebot ist ein Dunkles, das sich im Biergarten mit Blick auf die Burg gut geniessen läßt. Pottenstein ist international und sehr touristisch geprägt.

Nicht zu beneiden ist die Kellnerin, die auf Deutsch einem finnischen Ehepaar erfolglos versuchte zu erklären, was Schweinskopfsülze ist. Hätte sie denen wohl mal in Natur zeigen müssen. Hat sie nicht, nach einer kurzen Blickabsprache haben sie Bratwürste bestellt. Eine risikolosere Wahl.

Ausleger der Lindenbräu in Gräfenberg

Pottenstein-Gräfenberg (19 km)

Das letzte Stück der heutigen Etappe nach Gräfenberg ist lang, schön und radfahrtechnisch gesprochen anspruchsvoll, nahezu „schmutzig", jedenfalls nicht zu unterschätzen. Muf nehme dazu den Radweg aus dem Ort Richtung Teufelshöhle. Vorbei an der Sommerrodelbahn, einem See und besagter Teufelshöhle dann entlang der Strasse auf einem Bürgersteig bis zur abzweigung nach Kirchenbirkig. Das war der schönere Abschnitt. Es geht steil hoch, mal wieder. Von Kirchenbirkig bin ich über Trägweis nach Kleingesee gefahren. Hier links ab nach Obertrubach. Über Bärnfels folgt eine lange Abfahrt bis ins Tal und der Trubachquelle. Dann im Tal Richtung Egloffstein auf der Strasse über Wolfsberg bis nach Untertrubach fahren. Links in den Ort, kurz hoch bis zur Kirche und rechts auf den Radweg. Nach wenigen hundert Metern biegt der Weg „Casanovas Ausritt" (CAS) links weg und es beginnt ein sanfter aber steiger Aufstieg bis nach Großennohe durch ein wunderschönes, nahezu verwunschenes Tal mit typischen Jurafelsen.

Hinter dem Ort folgen Sie der Strasse, die immer leicht ansteigt, bis zur Kreuzung der B2. Hier rechts auf den Radweg nach Gräfenberg. Bis Kemmathen geht's bergauf, ziemlich knackig, dann beginnt eine rasante Abfahrt bis Gräfenberg downtown und zum **Lindenbräu** (Vgl. auch Tour 24). Familie Brehmer hat auch heute lecker Essen und Trinken, das Beste für mich ist das klassische Dunkle. Es gibt ansonsten ein Helles und neu ein Weizen, daneben ein Leichtbier. Übernachtung mit Frühstück ist guter Standard, zuletzt 35,-€. Ein Platz zum Verweilen und immer wieder kommen. Alles paßt.

Tag 4 Gräfenberg-Altdrossenfeld (78 km)
Gräfenberg-Pegnitz (33 km)

Vom Lindenbräu geht es gegen 8.30 zunächst steil aus der Stadt auf dem „Erlangen-Pegnitz-Radweg" (EPR), der hier identisch ist mit dem CAS über Wölfersdorf und Görbitz Richtung Hiltpoltstein. Hinter Görbitz erreichen Sie bald eine Strasse, hier links und nach ca. 500 m rechts auf einen Flurweg. Dieser umfährt praktisch Hiltpoltstein und kommt nach ca. 2 km hinter Hiltpoltstein an die B2. Fahren Sie nach Almos auf der B2; biegen Sie dann rechts nach Münchs ab.

Hinter Stierberg rechts zurück auf den Radweg und durch Betzenstein auf dem CAS bleiben. Nun geht es hinter Mergners unter der A9 durch und dann lange, lange durch den Veldensteiner Forst bis nach Pegnitz. Sie können entweder auf dem CAS bleiben oder so wie ich an der Strassenkreuzung links Richtung Pegnitz und Waldschenke fahren. Ca. 2 km hinter der Waldschenke dann rechts und von vielen Wegen den am weitesten links nehmen. Er führt durch den Forst bis zur Strasse über Horlach. Jetzt im Spätsommer kann muf prima vom Rad aus Pilzesuchen. Am Wegesrand habe ich einige gesehen und weinenden Auges stehengelassen. Auf der heutigen Tour haben Steinpilze letztens Endes souverän 4:2 gegen Birkenpilze gewonnen…Von Horlach geht es über Nemschenreuth und dann nach Pegnitz rein. Am Ende der Fußgängerzone residiert nahezu einsam und verlassen das Gasthaus Ponfick. Jedenfalls hockten da nur ein paar Einheimische. Es schenkt **Böheim-Bier** aus. Mir hat das süffige Dunkle gut geschmeckt.

Pegnitz-Leups (10 km)

Vom Ponfick zurück auf den CAS Richtung Creussen über Rosenhof bis nach Buchau. Hier unter der B2 durch, durch Buchau und am Ortsausgang in einem Kreisel auf die Strasse nach Leups abbiegen. Es steigt an, mit Wellen eigentlich bis Leups und zur **Brauerei Gradl**. Noch eine Brauerei, die im wesentlichen von Einheimischen frequentiert wird, aber um die Mittagszeit picke-packevoll. Das Dunkle mundet.

Leups-Lindenhardt (3 km)

Vom Gradl sind es nur wenige Kilometer auf dem nun wieder CAS bis nach Lindenhardt. Die haben es aber in sich, führen sie doch auf das Dach dieser Tour. Auf Nachfrage bei der **Brauerei Kurzdörfer** in Lindenhardt sind es 570hm.

Hier steht ein neu-es, großes Haus wie in den Alpen, dicke Balken, Hinweise auf Langlaufloipen, so als hätte es noch weiterer Beweise gebraucht, das muf nun sehr weit oben ist. Der Kurzdörfer serviert in seinem Riesenblockhaus unter der Woche nicht nur einen „Schnitzelgepräg-ten" Mittagstisch, sondern auch ein

Burg Hiltpoltstein – vor wenigen Jahren noch käuflich zu erwerben

Helles, ein Weizen und ein sehr gut trinkbares Dunkles, das ich empfehlen möchte. Hier kann der erschöpfte Radfahrer auch übernachten...wenn z.B. plötzlich Winter einbricht. Es ist gemütlich dort auf der Terrasse bei Kurzdörfers mit weitem Blick übers Tal und auf die A9 in der Ferne bei Trockau.

Kurzdörfer in Lindenhardt – ein neues und massives Holzhaus

Lindenhardt-Bayreuth (19 km) Viele Wege füh-ren von Linden-hardt nach Bay-reuth, fast alle gehen über die Rotmainquelle, die nur ca. 4 km weit weg ist. Ich fahre da nicht hoch, sondern über Horlasreuth nach Wasser-kraut. Unterwegs soll muf den Ro-ten Main queren. Der kann kurz hinter der Quelle,

nur ein Rinnsal sein ich jedenfalls hab ihn glatt verpasst. Über Haag dann nach Spänfleck, über die A9, dann rechts links auf die Strasse nach Gesees. Von dort nach Forkendorf und wenig später erreichen sie den ersten Trabanten von Bayreuth, Saas. Es wird großstädtisch, sehr viel Verkehr, laut. Das angenehmste ist noch, dass es immer leicht abwärts rollt. Und die Orientierung ist schwierig. Ich hatte Glück. Biegen Sie auf die Hauptstrasse Richtung Bamberg/Kulmbach. Nach ca. 2 km an einer großen Kreuzung geht es links auf die B22.

Tanzlinde in Limmersdorf

Auf dem Main-Radweg kurz vor Neudrossenfeld

Folgen Sie der Abzweigung, die zweite oder dritte rechts ist dann die St.Nikolaus-Strasse. Hier residiert der **Becher Bräu**, der noch zu war und kurz davor der Biergarten der **Brauerei Glenk**. Als erstes hab ich mir ein Zwickel bestellt, das okay war; als zweites hörte ich vom einzigen anderen Gast, dass der Glenk ja nun insolvent sei. Ein Trauerspiel. Darüber schreibt aber nie jemand eine Oper, noch nicht mal in Bayreuth.

Bayreuth-Altdrossenfeld (13 km)
Vom Glenk-Biergarten links einfach auf dem Radweg entlang des Mistelbachs bis runter zum Rotmain-Centre sanft abfahren und dort links – vorbei am weitläufigen Gelände der Brauerei Maisel auf den Main-Radweg (MR). Jetzt immer genau der Beschilderung nach; über Heinersreuth und Altenplos auf die andere Mainseite nach Neuenplos. Von dort über Dreschenau nach Neudrossenfeld und hier erneut über die alte Rotmainbrücke nach Altdrossenfeld. Der **Brauereigasthof Schnupp** ist ca. 200m rechts im Ort. Weitläufiges Gelände, altes Gebäude, auf den ersten Blick nicht gerade einladend. Das Essen ist gut, das Dunkle auch, seit 2016 gebraut vom Nikl Bräu, Pretzfeld. Die Zimmer sind für den stolzen Preis von 50,-€ (Ursächlich wohl die Nähe zu Bayreuth und den Festspielen; und am MR) eher rustikal zu nennen.

Tag 5 Altdrossenfeld-Sesslach (81 km)

Altdrossenfeld-Schederndorf (33 km)
Vom Schnupp morgens gegen 9.30 aufgebochen führt der Weg zunächst wieder auf den Main-Radweg. Diesen verlassen wir hinter Neureuth links auf die „Obermain-Frankenwald-Tour" (OFT). Diese steigt auf einer aufgelassenen alten Bahntrasse sanft aber lange, lange durch den Limmersdorfer Forst parallel zur Autobahn an, um schließlich kurz abwärts Limmersdorf und den Standort einer der verbliebenen und wohl der bekanntesten Tanzlinden zu erreichen.

Von hier fahren wir zunächst nach Thurnau und danach – nun wieder auf der alten Bahntrasse nach Kasendorf. Muf kann machen, was muf will…Irgendwann beginnt der Aufstieg auf das Plateau der Fränkischen. Und es sind immer ca. 150 bis 200 hm auf vergleichsweise kurzer Strecke zu bewältigen. So auch in Kasendorf, das sich immerhin rühmen kann auf noch nicht mal 800m diesen Höhenunterschied zu knacken. Wie eine Wand, kaum zu fahren, das meiste ist zu schieben, bei unterschiedlichen Steigungsgraden werden im Maximum 20% erzielt. Eine gemeine Rampe, die, wenn muf sie bezwungen hat dann aber oben auf dem Plateau endet. Von nun an geht es leicht wellig ohne größere Steigungen oder Abfahrten über Azendorf, Fesselsdorf, Buckendorf und Stadelhofen nach Schederndorf zur **Brauerei**

Will. Heute, Ende August ist der Biergarten und der Gasthof übervoll, es ist Schlachtschütteltag. Empfehlenswert ist wie immer ein Seidla und ein Ziebeleskäs, das finden auch die um diese Jahreszeit vielen anderen Gäste, die keine Schlachtplatte essen, und leider auch viele, lästige Wespen.

Schederndorf-Ebensfeld (23 km)
Vom Will geht es über den „Thermentour"-Radweg (TR) zunächst Richtung Mährenhüll. Ungefähr einen Kilometer vor dem Ort biegen Sie links ab und Sie erreichen nach ca. 2 km Wattendorf. Von dort auf der Strasse nach Staffelstein bis nach Kümmersreuth fahren. Über der kleinen Siedlung liegt linker Hand ein Parkplatz. Von dort leicht links auf den Flurweg und nach Krögelstein radeln. Mitunter wird der Weg schlecht, erreicht aber in Krögelstein die Strasse nach Kleukheim. Über Oberküps und Unterküps geht die Fahrt vom Plateau der Fränkischen rasant und lange abwärts ins Maintal. Von Kleukheim schließlich über Prächting nach Ebensfeld und hier vor dem Ort links zum Keller der **Ebensfelder Schwanenbräu**. Dieser serviert auf einer wunderschön gelegenen Terrasse ein solides Kellerbier. Im Nebengebäude – und wohl relativ einmalig – sind auf dem Keller Gästezimmer eingerichtet. Die Sonne scheint, das Bier schmeckt, Herz, was willst du mehr.

Ebensfeld-Heilgersdorf (22 km)
Vom Schwanenbräukeller führt der Weg durch Ebensfeld hindurch auf einen Kreisel, den Sie Richtung Oberbrunn und über eine Mainbrücke verlassen. Der Anstieg aus dem Maintal über den Berg (ca. 4 km lange Steigung) hat einen ersten kurzen Halt zum Verschnaufen in Birkach, einen zweiten in Ummersberg und dann rollt es abwärts in den Itzgrund und über Busendorf nach Gleusdorf. Von hier radeln Sie auf der Nebenstrasse entlang der Itz nach Untermerzbach, kommen hier wieder auf den TR, dem Sie Richtung Memmelsdorf folgen. Von dort nach Heilgersdorf und zur **Brauerei Scharpf**. Der Scharpf hat ein leckeres Dunkles, das auf der Terrasse schmeckt.

Heilgersdorf-Sesslach (3 km)
Nur noch ein kleiner Hupfer über einen Hügel und wir erreichen gegen 18.30 nach 81 km langer Fahrt rauf in die Fränkische und wieder runter Sesslach (auch Gasthof roter Ochse) und das Gasthaus **Reinwand**. Das angeschlossene Gästehaus, ein Motel mit Namen „Fränkische Gastherberge" liegt am Ortsausgang, natürlich auf dem Berg, ist guter Standard und kostet 40,-€. Ein kurzer abendlicher Spaziergang zum Gasthaus Reinwand bringt uns in den Genuss des Sesslacher Hausbräu und guten, fränkischen Essens. War viel heute, anstrengend und schön.

In den Itzauen bei Untermerzbach

Tag 6 Sesslach-Oberschleichach (86 km)
Sesslach-Maroldsweisach (18 km)
Wenn gestern viel war, so ist es heute noch ein Zacken mehr. Dazu nehme muf zunächst den Weg über Rothenberg, Unterelldorf, Hafenpreppach und Wasmuths-hausen, um entlang der ehemaligen Zonengrenze nach Thüringen über Eckartshau-sen zur **Brauerei Hartleb** in Maroldsweisach zu fahren. Hartlebs (Vgl. Tour 23) bieten ein sehr angenehm schmeckendes Helles, das sich gut für einen Frühschoppen eignet.

Maroldsweisach-Reckendorf (30 km)
Vom Hartleb fahren wir auf der alten Bahntrasse (firmiert hier als „Bamberg-Bad Königshofen"-Nebenradweg (BBK)) über Pfarrweisach nach Ebern. Hier halten Sie sich hinter der Stadt links entlang der Gleise auf einer kleinen Nebenstrasse, die über Lind, Treinfeld, Gräfenholz und Laimbach nach Reckendorf und zur **Brauerei Schroll** führt. Der Schroll ist ein an der Strasse liegendes Phänomen. Immer ir-gendwie Betrieb, obwohl der Gastraum dunkel, die Strasse laut und das Ambiente sicherlich nicht einladend wirken. Überzeugen tut dagegen das süffige Dunkle und das sowohl gute als auch günstige Essen. Da gibt's nix zu meckern, im Gegenteil kommt muf immer wieder gerne her (Vgl. auch z.B. Tour 24).

Reckendorf-Oberhaid (16 km)
Der Weg vom Schroll ist der Nähe zu Bamberg geschuldet a wenig laut und führt parallel zur stark befahrenen Bundesstrasse bis nach Baunach, dort leider hindurch

und hinter dem Ort nach Breitengüssbach. Wer davon bald genug hat, hat eine Alternative, die jedoch etwas speziell anmutet. Fahren Sie hinter Baunach rechts auf eine alte geteerte Strasse entlang des Mains. Diese endet alsbald und macht einem nur Fußgängerbreiten Pfad durch den Wald Platz. Obacht, es geht über Wurzeln auf einem schlechten Waldpfad dahin. Nach rund 1 km ist das vorbei und über einen geschotterten Feldweg erreichen sie danach Kemmern. Über die Brücke fahrend können Sie hier rechts einbiegend zurück auf den Main-Radweg (MR), der Sie zunächst mal bis nach Hallstadt bringt. (Wer nun - ca. weitere 6 km bis zum Zentrum – nach Bamberg fahren möchte, dem sei dies gerne empfohlen; ein Besuch beim Keesmann oder Mahr in der Wunderburg oder beim Ambräusianum oder beim Schlenkerla in der Dominikanergasse ist diesen Umweg natürlich wert. Der und die muss jedoch auch wissen, dass dieser Abstecher in Summe wohl 10-12 weitere Kilometer auf den Tacho schreibt, was bei der ohnehin langen Etappe sehr kräftezehrend wirken kann). Von Hallstadt rechts über die Mainbrücke über Dörfleins führt der Weg nach Oberhaid. Rund 500m vor dem Ort liegt rechts leicht erhöht am Hang der „Hannla-Keller" der **Brauerei Wagner**. Das Bier ist okay, der Blick durch die Bäume auf das Maintal schön.

Oberhaid-Trossenfurt (16 km)
Vom Hannla-Keller fahren wir bei Viereth über den Main, über den Kreisel und rechts auf den Radweg nach Trunstadt. Hier beginnt ein weiterer steiler Aufstieg durch Trunstadt selbst Richtung Stückbrunn und dann nach einer vermeintlichen Kuppe erneut auf einem geteerten Flurweg rechts „Am Weinberg" lang. Manchmal wünscht muf sich, es gäbe Fahrrad-Drohnen, die diese Aufstiege für einen machen. Am Ende eines langen Tages ist dies anstrengend und regelrecht deprimierend schnaufend vor so einer Wand zu stehen. Das Gefühl ändert sich oben radikal und macht dankbarer Erleichterung Platz, die sich auf der Abfahrt nach Kirchaich verstärkt, auf den 2km nach Trossenfurt nicht verschwindet und einen weiteren Höhepunkt auf dem Keller der **Brauerei Roppelt** erfährt. An einem Freitag abend gegen 18.00 ist der Keller bei gutem Wetter gerammelt voll. Die Einheimischen läuten mit ihren Familien das Wochenende bei Essen und gutem Gerstensaft ein; es gibt ein Keller und auch ein Weizen. Es sitzt sich sehr schön, nach den kürzlichen Strapazen mag muf gar nicht so schnell wieder aufstehen.

Trossenfurt-Oberschleichach (6 km)
Vom Roppelt ist es über die Strasse nicht mehr weit bis zur **Brauerei Zenglein** in Oberschleichach. Start- und Zielpunkt dieser Tour. Wir erreichen den Gasthof heute gegen 19.00, 86 km liegen hinter uns.

Der Roppelt-Keller in Trossenfurt ist einer der schönsten…

Besser mit dem Rad fahren…

In Summe führt die Tour „Schlaflos im Sattel" über stolze 466 km quer durch den Steigerwald und das Karpfenland, den Aischgrund und die Fränkische Schweiz, das obere Maintal, den Itzgrund und die Hassberge. Ist eine längere Tour und dabei eine der schönsten, weil schon anstrengend, aber auch kulturlandschaftlich sehr reizvoll. Viele sehr „einsame" Wege wechseln mit Städtischem und Touristischem, viele lohnende Kleinbrauereien entlang der Route laden ein, ein guter Mix.

24. Das „Sechs-Tage-Rennen"

Kompass Fahrradkarte 3082 Bamberg, Haßberge, Steigerwald; Kompass Fahrradkarte 3096 Fränkische Schweiz, Kulmbach, Bayreuth

Elsendorf, Schönbrunn, Maroldsweisach, Aufsess, Gräfenberg, Uehlfeld und zurück nach Elsendorf (374 km)   ©2015 MapQuest - "Map data © OpenStreetMap and contributors.

Das ist eine Tour über eine ganze Woche durch den Steigerwald, die Hassberge, das Maintal, die Fränkische Schweiz und den Aischgrund. Sozusagen einmal tutto completto Reizüberflutung, die Riesenschleife um Bamberg, fast bis Coburg, Bad Staffelstein, Ebermannstadt, vorbei an Erlangen und Herzogenaurach über Neustadt/Aisch, Buttenheim und zurück nach Elsendorf bei Schlüsselfeld.

Tag 1 Von Elsendorf nach Schönbrunn (31 km)
Elsendorf-Mönchsambach (16 km)
Vom **Sternbräu**, Lindner in Elsendorf (gut zu erreichen über die A3, Abfahrt Schlüsselfeld) gegen 13.00 nach dem Mittagessen gestartet. Über Lach nach Wachenroth. Im Ort nach Albach abbiegen und der Strasse leicht bergan folgen. Nach ca. 2 km in Oberalbach links Richtung Reichmannsdorf einbiegen. Nach ca. 1 km geht rechts eine Strasse in drei Kurven kurz und giftig den Berg hoch. Oben immer auf der Teerstrasse bleiben, bis muf nach weiteren ca. 2 km die Sportplätze von Reichmannsdorf sehen kann. An der Kreuzung rechts. Es geht wieder leicht bergan bis zu einer kleinen Gabelung auf der Kuppe. Dort links nach Dippach fahren. Es geht von

112

jetzt ab bergab, teilweise ganz ordentlich. Durch Dippach durch den Weg nach Mönchsambach einschlagen. In Mönchsambach links, der Hauptstrasse folgen Richtung Kirche. Die **Brauerei Zehender** liegt rechts, ein etwas unscheinbares Gebäude von der Strasse aus betrachtet, mit schönem Hof und einem soliden Lager.

Mönchsambach-Grasmannsdorf (8 km)
Vom Zehender auf der Strasse nach Burgwindheim bleiben, dann aber schnell rechts einbiegen auf den Radweg nach Burgebrach. Über Manndorf nach Vollmannsdorf. Von dort – nicht der Radwegbeschilderung – geradeaus nach Burgebrach, den Schleifen der Strasse durch das Wohngebiet folgen. An der Kreuzung kurz rechts, nach ca. 100m links abbiegen nach Grasmannsdorf. Nach ca. 2 km auf dem Radweg „Fürstbischöfliche Tour", FBT kommt, kein Wunder bei der Wegführung, die Brücke mit den 7 Heiligen (einer davon ist der Fürstbischof Otto, der Bamberger, vgl. Tour 1) über die Rauhe Ebrach. Rund 300m dahinter winkt nach dem Ortseingang links die **Brauerei Kaiser**, die wegen ihres Weizens vielbeschriebene und -gelobte. Was soll ich sagen… auch heute ist das Hefeweizen einmalig lecker.

Grasmannsdorf-Ampferbach (3 km)
Die Wege werden nun kürzer. Vom Kaiser dauert es nur rund 15 Minuten bis zum Keller der **Brauerei Herrmann**, Ampferbach. Am einfachsten ist es, muf fährt zurück über die Brücke mit den Heiligen, nach ca. 300m rechts ab auf einen Flurweg. Diesem immer folgen bis nach Ampferbach, im Ort links quasi retour diesmal aber auf der Strasse nach Burgebrach. Nach wenigen hundert Metern liegt leicht erhöht rechts am Hang der Keller der Brauerei (daneben der legendäre Max-Keller, der, so lange ich hier Radfahre und wandere noch nie offen war, noch nicht mal am Sonntag – versuchen Sie doch mal ihr Glück). Der Herrmann Keller ist klassisch. Es gibt ein gut trinkbares Keller, Brotzeiten und vielzahlige Bänke unter Bäumen am Hang. Einfach tiefenentspannend schön.

Ampferbach-Schönbrunn (4 km)
Es ist an diesem ersten Tag, der dem Einrollen dient, nicht weit bis zum Ziel der kurzen Etappe. Vom Herrmann Keller abwärts, in Ampferbach links, beginnt hinter dem Ort ein neuer Radweg, parallel zur Strasse nach Schönbrunn. Immer geradeaus folgen, da kann muf nun wirklich nichts verkehrt machen. Im Ort einige hundert Meter fahren, vor der Kirche rechts, leicht runter. Nach 100 Metern steht muf vor der **Brauerei Wernsdörfer** (Vgl. Tour 21), gelobtes Land, gutes Bier, prima Essen, Terrasse vor der Tür, Fahrrad zum unterstellen. Es ist 16.00. Die (2) Zimmer sind guter Standard. Alles ist unspektakulär gut; zuletzt 2012 habe ich 28,- € für Übernachtung und Frühstück bezahlt.

Brauerei Wernsdörfer in Schönbrunn

<u>Tag 2 Schönbrunn-Maroldsweisach (70 km)</u>
Schönbrunn-Weiher (11 km)
Morgens um 8.30 los. Vom Wernsdörfer zur Kirche hoch, an der Einmündung in die Strasse nach rechts, nach ca. 100 Metern rechts auf die Strasse nach Grub. Kurzer böser Hang, hinter dem Wohngebiet wird es nach oben flacher. Nach weniger als 3km erreicht muf Grub, fährt hindurch, nochmal bergan bis auf die Höhe, dann links auf den geteerten Flurweg. Wenig später mündet der Weg an zwei großen Linden und einem Kreuz auf den Radweg, den BBT. Vor uns liegt Lisberg, die imposante Burg ist gut sichtbar. Auf der Strasse geht es abwärts, an der Burg vorbei. Am Ortsausgang, links der Beschilderung des BBT folgen. Nach ca. 500 Metern liegen verträumt die Karpfenweiher von Trabelsdorf auf beiden Seiten des Weges. Im Ort (links liegt die Brauerei Beck, Gasthaus nur am Wochenende geöffnet) geradeaus am Schloß rechter Hand vorbei, auf die Strasse nach Stückbrunn/Weiher. Da geht es rund einen Kilometer richtig heftig bergan. Nach Weiher dann wiederum richtig heftig runter (15%), Zeit für den Helm. Nach großem Bremstest und im unteren, flacheren Teil mit rasanter Abfahrt, erreicht muf links am Ortseingang die **Brauerei Kundmüller**. Dort gibt es reihenweise in Europa prämierte Biere, mir am besten schmeckt das klassische Lager.

Weiher-Bamberg (11km)
Vom Kundmüller geht es abwärts nach Viereth (Brauerei Bayer, Mainlust) ins Maintal, an der Hauptstrasse rechts, über die Strasse auf den Main-Radweg.

Morgens beim Kundmüller

Dann immer geradeaus über Bischberg und Gaustadt bis nach Bamberg. Dort über eine Brücke Richtung „Zentrum" fahren, dem Radweg folgen, an einer größeren Kreuzung rechts, wieder Richtung „Zentrum". Nach ca. 400m geht es nun rechts tatsächlich ins Zentrum. Fahren Sie bitte hier links (es sei denn, Sie möchten ins Zentrum...) und nach wenigen hundert Metern rechts, Sie sind nun – im Fall des Gelingens im Strassendschungel Bambergs – in der Königstrasse, Home of **Braue-reien Fässla** und **Spezial**, diese liegen sich genau gegenüber. Den Rauchbierfans empfehle ich das Spezial, wer ein Lager trinken möchte, dem sei das Fässla angera-ten.

Wem Bamberg insgesamt zu städtisch, zu bekannt oder das Unherirren auf den wenig radfreundlichen Strassen eher unnütz erscheint, mithin auf die Durchfahrt und die Einkehr im Weltkulturerbe diesmal verzichten möchte, dem sei empfohlen, bereits in Viereth über die Brücke nach Unterhaid zu fahren, in Oberhaid nach Ap-pendorf (Brauerei Fößel-Batz) abzubiegen und von dort nach Baunach (Brauerei Sippel) und dann nach Reckendorf zu strampeln. Angenehmer Nebeneffekt: Wem 73 km Gesamtfahrstrecke an diesem Tag zu lang sind, bei dieser Variante können bis zu ca. 10-12 km gespart werden.

Bamberg-Reckendorf (21 km)
Von der Königstrasse zurück auf dem Radweg Richtung Hallstadt. Es geht durch Bambergs Viertel und das Einkaufsgebiet des Bamberger Hafens. Einen Weg su-

chen über die Autobahn, in Hallstadt den BBT suchen und finden, der am Main angelangt, der Mainradweg (MR) Richtung Kemmern ist. Von Kemmern (Brauerei Wagner) kann muf entweder am Ortsausgang auf einem Radweg durch die Auen (BBK- Bamberg-Bad Königshofen) nach Baunach fahren oder – ich bevorzuge dies wegen Landschaft und Ruhe – am Ortseingang über eine Mainbrücke und dann immer rechts halten. Der Weg führt unmittelbar entlang des Mains, ist gemütlich und schön, verjüngt sich allerdings bis auf das Niveau eines Wanderwegs (teilweise nur knapp 1m breit) im Wald und erreicht nach ca. 5 km Baunach (Brauerei Sippel). Von dort kurz auf der Bundesstrasse nach Ebern, links beginnt bald hinter dem Ort ein gut ausgebauter Radweg. Nach rund 6 km kommt muf nach Reckendorf. Rechts, direkt neben der Kirche liegt die **Brauerei Schroll**. Hier gibt es für kleines Geld gut zu Essen und ein Dunkles zu Trinken.

Reckendorf-Maroldsweisach (27 km)
Die letzte Etappe des Tages ist ein weites Stück (in Ebern gibt es auf dem Marktplatz gute Einkehrmöglichkeiten und Cappucino beim Italiener). Vom Schroll weiter und zurück auf den Radweg BBK. Auf der Höhe von Sendelbach, rechts die Straße nach Gräfenholz überqueren. Den kleinen Ort durchfahren, über die Bahngleise (Obacht geben, länger leben: Keine Schranke), dann nach links. Durch Treinfeld und Lind und noch ein paar mal über die Gleise, erreicht muf nach ca. 6 km Ebern. Durch den Ort, in Eyrichshof auf den Radweg nach Maroldsweisach, der auf der alten Bahntrasse verläuft. Über Fischbach – unbedingt dem Radweg folgen, selbst an dem verwirrenden U-turn – nach Pfarrweisach, von dort nach Junkersdorf. Dort links über den Bach Weisach, dann rechts auf einen gepflasterten Flurweg. In Pfarrweisach wird der „wunderbar geteert", rollt vorzüglich, wir sind wieder auf der alten Bahntrasse. Immer links auf der Bachseite bleiben, auch wenn die Beschilderung Ihnen andere Offerten macht. Über Voccawind geht es nach Maroldsweisach. Die **Brauerei Hartleb**, wie sollte es anders sein, residiert gegenüber der Kirche. Hartlebs ist ein feiner und renovierter Gasthof, Bier und Essen gut, die Übernachtung mit Frühstück eindeutig in der Kategorie de luxe (um 30,-€). Dafür sorgt neben der herzlichen Art der Wirtin und dem schönen Zimmer auch der für die fränkischen Brauereigasthöfe einmalige und neue Aufzug, der mich sicher in mein Bett bringt. Die Fahrradunterstellung im großen Festsaal ist spektakulär. Alles in allem immer ein sehr lohnenswertes Ziel.

Tag 3 Maroldsweisach-Aufsess (77 km)
It´s a long way to Brauerei Rothenbach in Aufsess, it`s a long way to Fränkische Schweiz. Vielleicht die anspruchvollste und eine der anstrengendsten Etappen überhaupt, jedenfalls eine sehr lange. Kann muf aber schaffen (wußte ich allerdings erst hinterher)

Fahrrad übernachtet im großen Festsaal – de luxe bei Hartlebs

Maroldsweisach-Wiesen (35 km)
Gestartet schon um 8.15 führt die Strasse über Allerts-, Eckarts- und Wasmuths-hausen zunächst nach Hafenpreppach.

Zu Wiesen beim Hellmuth im Biergarten ein Birnbaum stand

Weil es weder Hafen- noch Meerblick gibt, geht die Strasse weiter über Unterelldorf, Rothenberg nach Heilgersdorf (Brauerei Scharpf). Dann über Memmelsdorf nach Untermerzbach, dort links und auf dem schönen Fahrradweg vorbei an Gehöften und Schlössern über die Itz nach Kaltenbrunn (Brauerei Schleicher). Durch Kaltenbrunn links Richtung Bundesstrasse nach Coburg. Die B4 überqueren und ca. 200m hinter dem Ortsausgang von Fahrradweg rechts abbiegen nach Lohhof und Draisdorf. Wir sind nun auf dem Thermentour-Radweg (TR). Es geht – ganz leicht – bergan. In Draisdorf auf dem Radweg bleiben, hinter dem Ort geht es an den Ausläufern des Eierbergs steiler bergan. Oben nach rechts auf dem Radweg abfahren. Es geht lange runter, auf einem gepflasterten Flurweg (Obacht: den Weg kreuzen im oberen Teil Entwässerungsrinnen - langsam fahren, denken Sie an Ihr Rad), später auf Teer bis nach Wiesen zur **Brauerei Hellmuth** (alternativ Brauerei Thomann). Das Dunkle ist lecker und die erhoffte Stärkung für den nun beginnenden langen Aufstieg aus dem Maintal bis auf das Höhenplateau der Fränkischen Schweiß, ich meine Schweiz.

Wiesen-Wattendorf (17 km)
Vom Hellmuth, Mut getankt, über die Mainbrücke nach Unterzettlitz, dann links auf die Strasse nach Bad Staffelstein. An einem Kreisverkehr Richtung Wattendorf dann – meine Empfehlung – über die Strasse Richtung Pferdsfeld. Nun läßt der Verkehr und die Geräuschkulisse schlagartig nach. Hinter einem Steinbruch links abbiegen, unter der Autobahn durch. Man durchfährt eine Aue mit Feldern, bald beginnt ein Wohngebiet, ca. 500m später wird Horsdorf erreicht (keine Pferde gesehen…). Von da auf der Nebenstrasse nach Loffeld (Staffelbergbräu). Am Ortsausgang geht es links auf einer Strasse sanft hoch, nach ca. 200m geht rechts der Fahrradweg ab. Diesen bis Stublang (Brauerei Dinkel, Brauerei Hennemann) fahren, tief Luft holen und sich präparieren für die nächste Strecke bis Wattendorf, rund 8 km. Auf dem Radweg geht es rechter Hand zunächst bis nach Frauendorf, dann nach Schwabthal und sicher wissen die Einheimischen nur zu gut, warum sie den nächsten Weiler „End" genannt haben.

This ist the end of the bicycle world as we know it…Gedopten Radrennsportlern entweicht allenfalls ein Gähnen, für mich ist der nun folgende ca. 3 km lange Aufstieg das Maximum; selbst mit Pedelec-Unterstützung nötigt einem der Anstieg - würde selbst Politiker wortkarg machen - jeden Respekt ab.

In Kümmersreuth wechsle ich erst mal das T-shirt, dann geht es durch den Ort und links raus wieder kurz hoch, dann beginnt eine längere, oben flache, im Wald in Serpentinen etwas steilere Abfahrt bis auf den Sattel der Strassenkreuzung vor Wattendorf.

Ich fahre, d.h. schiebe langsam Wattendorf hinauf...wie immer. Ich glaube, ich kenne kaum Häuser besser von Angesicht zu Angesicht als aus Wattendorf (ist ein einziger steiler Hang). Oben jedenfalls locken die **Brauerei Hübner** (rechts) und die **Brauerei Dremel** (links).

This is the end...

Nix gegen den Dremel, Bier ist gut, sie haben aber irgendwie oft zu wenn ich komme, so dass der Hübner und seine Mann- und Frauschaft mit der rauhen Schale hinter der sich Herzlichkeit verbirgt, mit seinem kräftigen und leckerem Dunkel häufig 1. und einzige Wahl ist.

Wattendorf-Steinfeld (7 km)
Halbwegs erholt nach dem Aufstieg auf das Plateau der Fränkischen, Wattendorf liegt rund 520m hoch, das Maintal ca. 260m, fährt muf vom Hübner links, links auf die Strasse nach Gräfenhäusling. Die Strasse, obwohl nur eine Nebenstrecke ist eher vielbefahren. Es geht in Wellen dahin, insgesamt ist der Weg bis nach Rossdorf und später Steinfeld ziemlich abschüssig. Nach ca. 7 km winkt links in Steinfeld schon wieder ein **Hübner-Bräu**. Der Hübner, Otto mit der Karomütze ist leider 2017 verstorben. Bier ist wie immer gut, die Kundschaft – sie mögen es mir verzeihen – in meiner Wahrnehmung a weng verschlossen, Gäste von außerhalb kommen sich wohl eher vor wie verlaufen...Ich möchte dies keineswegs abwertend stehen lassen. Es ist dies wohl eine der letzten wirklichen Dorfbrauereien Oberfrankens, die nicht vornehmlich auf den Wandertourismus setzen und schauen. Muf kommt immer wieder gerne hin, die sind hier alle echt und von da, ich bin der – nur kurz beäugte, und wohl als schratig eingestufte – Fremde mit seinem Rad...

Steinfeld-Aufsess (18 km)
Vom Hübner geht es links, nach 150m rechts auf die Strasse nach Königsfeld. Es steigt leicht an bis zur Kapelle, dann noch mal rund 500m. Es beginnt eine ca. 1 km lange Abfahrt. Am Ende vor Königsfeld wartet ein kurzer, giftiger Hang. Von oben kann muf links steil in den Ort abfahren, geradeaus durch, dann auf die Strasse

nach Kotzendorf. Obacht: Ca. 50m hinter der Abzweigung geht es runter auf den sog. Aufsessradweg. Diese Wahl möchte ich dringend empfehlen, ist doch die Fahrt nach Kotzendorf/Voitmannsdorf ansonsten eine wellige...Der Radweg jedenfalls ist nicht nur sehr schön, und führt entlang des Aufsesstals. Er geht auch latent leicht abwärts, teilweise ist er nicht geteert und nur ein Wanderweg, aber das stört nicht wirklich; gut zu fahren. In Voitmannsdorf, rechts in den Ort, hindurch und hoch auf die Strasse nach Drosendorf.

Das geht schnell und durch den Wald, am Ortseingang steil abschüssig. Bleiben Sie auf der Strasse bis Sie am Ende ein Schild „Neuhaus" sehen. Sie können entweder diesem Weg folgen, nach kurzem Anstieg und Abfahrt erreichen Sie nach ca. 2,5km Neuhaus, oder sie fahren, kurz hinter der Überquerung der Aufsess links auf einen Waldweg. Der geht wieder entlang der Aufsess, wird - zwar Weg, immer mehr Spur durch Wiese - wunderschön, und endet vor einer Holzbrücke über die Aufsess. Von dort geht es nun auf einem guten Weg noch knapp 2km bis muf Sachsendorf (Brauerei Stadter) erreicht. Sachsendorf-Aufsess bedeutet zum Ende noch eine Strecke von 5km, überwiegend abwärts. In Oberaufsess besteht noch die Möglich-keit rechts von der Strasse auf einen schönen Weg durch den Wald abzubiegen. In Aufsess an der Strasse links liegt die **Aufsesser Brauerei**/Rothenbach. Es ist 16.30. Nach geschlagenen 77 km endlich am Ziel. War viel heute, aber schön von Anfang bis Ende. Herr, gib mir noch ein Bier und Bettruhe, und ich werde dich preisen...

Bier und Essen gut, die Rothenbachs und ihre Mitarbeiter sind nett und zuvor-kommend. Die Gäste sind zahlreich, dieser Gasthof ist das geschäftüchtige Zent-rum der Wanderer in der Fränkischen, mein Rad übernachtet in einer eigenen Ga-rage zusammen mit einem Motorrad aus dem Badischen. Später als gewöhnlich tritt Nachtruhe ein, viele Leute haben viel zu erzählen. Die Übernachtung selbst ist Standard, kostet 37,-€. Hervorzuheben ist noch das gute Frühstücksbuffet mit Rührei und Obst, nicht Alltag in den Brauerei-Gasthöfen, eher eine löbliche Aus-nahme.

Tag 4 Aufsess-Gräfenberg (46 km)
Nach der langen Etappe gestern, erscheint der Weg heute fast wie Ausruhen, fast...aber km wollen gefahren, Abenteuer der Landstrasse bestanden werden. Au-genbetäubende Landschaften und gute Einkehrschwünge in den Brauereien der Fränkischen warten.

Aufsess-Heiligenstadt (7 km)
Um 8.30 gestartet ist der Weg nach Heiligenstadt erst mal nix zum Einrollen, es geht gleich rechts am Ortsausgang ganz gut hoch, ca. 2 km in Summe. Dann folgt

eine lange, teilweise steile Abfahrt (Helmzeit), vorbei am Schloß Greifenstein. An der Kreuzung unten links abbiegen. Der Ort ist schon zu erahnen, wenige hundert Meter nach dem Beginn geht es rechts auf den Marktplatz. Die **Brauerei Aichinger** liegt auf der anderen Stirnseite, ein eher unscheinbares schmuckloses Gebäude mit Plastikstühlen und Tischen vor der Tür. Das Bier allerdings ist ein Hit, selbst am noch so frühen vormittag. Ein helleres, goldiges mit langem, guten Nachgeschmack, das sich immer zu probieren lohnt.

Heiligenstadt-Ebermannstadt (12 km)
Vom Aichinger geht es auf dem Leinleiterradweg immer schön mit ca. 1% Gefälle auf der alten Bahntrasse abwärts bis nach Gasseldorf. Dort der Beschilderung nach Ebermannstadt folgen. In Ebermannstadt (auch Brauerei Sonne) den Weg zum Markplatz suchen, am einfachsten direkt am Ortseingang über die B479, hinter dem Rewe rechts auf eine Strasse Richtung Altstadt abbiegen. An der prominentesten Stelle am Marktplatz (wieder Stirnseite), Markisendekoriert, thront der **Schwanenbräu**. Das Dunkle ist gut, der Cappucino okay; beides etwas feiner und teurer als gewöhnlich, so gehört es sich für das erste Haus am Platz, die Numero uno; muf blickt schließlich auch unter der Markise in der ersten Reihe sitzend durch Oleander auf das närrische Treiben der anderen. Hat was Großstädtisches. By the way: Besonders empfehlenswert ist vor dem Einkehrschwung eine Fahrt im Ort entlang der Wiesent, dazu vor der steinernen Brücke in die Altstadt, links über eine Holzbrücke, dann einfach auf dem Weg entlang der Mauer bleiben. Ein echtes Highlight.

Ebermannstadt- Unterzaunsbach (8 km)
Vom Schwan links durch die Fußgängerzone der Metropole über die Hauptstrasse auf den Radweg nach Pretzfeld, der zunächst wunderschön durch ein Gewirr von Wiesentarmen führt. Nach ca. 3 km erreicht muf Pretzfeld (Nikl-Bräu), fährt hindurch Richtung Egloffstein, rechts auf den Radweg. In Hagenbach geht der Radweg, „Casanovas Ausritt", CA im Ort links weg. Es beginnt eine der in meinen Augen schönsten Strecken durch Obstgärten mit Trubbachtalblick bis nach Unterzaunsbach. Die **Brauerei Meister** finden Sie nach einem Schlenkerla mit dem Lenkerla nach links und dann gleich rechts hinter dem größeren Parkplatz. Der Meister war bekannt für seine Forellengerichte, die Roulade, die es mittags gab, war im kleinen Biergarten direkt an der Trubbach ein Gedicht, das Dunkle vorzüglich. Heute steht dort ein Getränkeautomat, those were the times...

Unterzaunsbach-Hohenschwärz (12 km)
Vom Meister zurück auf die Straße nach Oberzaunsbach und dort...Machen Sie es nicht wie ich. Fahren Sie nicht den Berg hoch in den Wald auf einem schlecht zu

fahrenden Waldweg (auch wenn der Wald sehr schön ist), der nach 2 km mehr oder minder bergauf genauso sinnlos wieder bergab geht. Das Durchgeschüttele ersetzt locker eine abendliche Massage; nach dem Mittagessen eher eine Strafe…links ab stattdessen auf einer geteerten Nebenstrasse, die vor Schweinbach auf die Hauptstrasse mündet. Biegen Sie rechts ab und in Mostviel links wieder auf den Radweg, der eigentlich ein Wanderweg ist, nur ca. 50cm breit, aber sehr schön weiter durch das Trubbachtal führt. Schon bald sieht muf rechts oben auf dem Bergsporn Burg Egloffstein.

Egloffstein im Trubachtal

Nach noch nicht mal 2 km wird der Ort erreicht. Auf Höhe der Pension Mühle/Hotel Post kann muf zurück auf die Strasse. Rechts hoch beginnt nun der eher unangenehme Teil.Der Aufstieg in Egloffstein ist steil, führt durch die enge Strasse und endet vermeintlich am Wertstoffhof. Dann geht es links ab Richtung Thuisbrunn und Hohenschwärz. Vor mir steht eine Rampe von Strasse, die auch ein

Skihang sein könnte. Nach schweißtreibenden ca. 500 Kurven und Wellen nach Thuisbrunn (Elch-Bräu).Von dort ist es nur noch ein längerer km zum Ziel der nächsten Etappe, Hohenschwärz.

Brauerei Hofmann

Wer schlau ist, fährt auf dem sanft ansteigenden Wanderweg des „Fünf-Seidla-Steigs", wer noch viel schlauer zu sein glaubt, so wie ich natürlich, der fährt auf der Strasse und erlebt die nächste Rampe als Diretissima zum Ziel. Geht auch - Batterie hilf -, bedeutet aber Trikottausch in der **Brauerei Hofmann**. Tausche mangels Partner mit mir selbst…

Das Dunkle dort im angenehmen Biergarten ist gut, kräftig, mir schmeckt es sehr gut, aber wie ich weiß, nicht jedermanns Fall.

Hohenschwärz-Gräfenberg (6 km)
Von der Brauerei der Frau Hofmann geht es zum Ziel der heutigen Etappe, der nächsten Brauerei fest in Frauenhand, dem **Lindenbräu** in Gräfenberg. Das sind lockere 6 km, das meiste geht bis auf einen ersten kleineren Hang zu Beginn stramm abwärts. Fahren Sie rechts auf die Ortsstrasse, dann noch mal rechts nach Neusles, dort nach Gräfenbergerhüll und von da geschwind abwärts vorbei am Steinbruch und am beheizten Freibad nach Gräfenberg-Downtown. Rechts liegt dann unser Ziel mit schönem Auslegerschild. Das Bier – ein Dunkles - ist wie seit ewigen Zeiten gleich gut und süffig, das Essen okay, die Bedienung herzlich, die Übernachtung guter Standard, zuletzt 33,-€.

Tag 5 Gräfenberg-Uehlfeld (80 km)
Gräfenberg-Herzogenaurach (40 km)
Vom Lindenbräu gegen 9.15 gestartet führt die Strasse steil abwärts. Am Bahnhof rechts auf den Radweg. Es rollt. Diesem durch Igensdorf folgen und über Stöckach nach Frohnhof. Dann auf einem in Karten nicht eingezeichneten Radweg entlang der Strasse nach Steinbach fahren. Links im Ort an den Sportplätzen vorbei über auf eine Strasse Richtung Unter-/Oberschöllenbach. Über einen Kreisel durch Unterschöllenbach fahren. Am Ortsausgang auf die Strasse rechts nach Röckenhof abbiegen. Obacht: rund 200 m hinter dem Ort geht rechts in den Wald ein Weg ab. Dort hinein Richtung Kreuzweiher, dahinter links auf eine Strasse, nach 100m gleich wieder rechts in den Wald und von da ab mehr oder minder geradeaus durch den großen, großen Wald (der Wald besteht aus vielen, vielen Wegen), in Summe möchte ich schätzen, ca. 15 km, bis nach Tennenlohe. Es ist belebt, befahrene Strassen wechseln sich auf ca. 4 km mit der Überquerung von Autobahnen nun ab. Für uns – ab Gräfenberg fahre ich mit einem Freund, der am Vorabend mit der Bahn, die ab Nürnberg bis Gräfenberg reicht, angereist ist - am einfachsten schien es, Tennenlohe auf der Strasse nach Eltersdorf zu umfahren.

Dort in Eltersdorf gilt es dann, den Schildern für den Radweg nach Hüttendorf konsequent zu folgen. Dazu geht es zunächst durch die Regnitzauen, über den Fluß und steil bergan auf die Höhe des Main-Donau-Kanals (ja, richtig gelesen: der MD-Kanal liegt ca. 50 Höhenmeter über der Regnitz); ca. 1 km dahinter kommt Hüttendorf. Gerade hindurch auf dem Radweg Richtung Frauenaurach bleiben. Wenn die Abzweigung kommt, empfehle ich jedoch, weiter auf eine wenig befahrene Strasse rechts Richtung Niederndorf/Herzogenaurach einzubiegen. In Niederndorf gleich links auf den Radweg, über Hauptendorf und das Industriegelände dann rechts in die Altstadt von Herzogenaurach abbiegen. Die Fußgängerzone ist die Hauptstrasse, ca. 150m hinter einem alten Stadttor liegt links die **Brauerei Heller**. Das Gebäude wirkt im Konzert der Geschäfte und herausgeputzten Gaststätten nicht gerade einladend. Drinnen im wenig gemütlichen, dunklen Schankraum sitzen einige ältere Herren vor Bier und Bildzeitung. Das Bier ist ein helleres und gut, unser Weg führt uns aber weiter.

Hopfenfeld bei Igensdorf

Herzogenaurach- Oberreichenbach (10 km)
10km weiter wartet die **Brauerei Geyer** für ein Mittagessen auf uns. Dazu aus der Altstadt wieder zurück ins Aurachtal auf den gleichnamigen Radweg. Über Falkendorf, Lenkershof und Unterreichenbach erreicht muf Oberreichenbach. Hier entweder im großen Gasthof der Geyers einkehren oder noch ca. 1 km weiter auf dem Weg nach Tanzenhaid auf dem Keller der Geyers. Dementsprechend wahlweise ein Helles oder ein Kellerbier. Es gibt reichlich Essen, unter anderem hier – der Aischgrund ist nahe – in den Monaten mit „r" Karpfen in allen Spielarten.

Oberreichenbach – Neustadt a.d. Aisch (15 km)
Vom Geyer oder dem Keller über Tanzenhaid – wunderschön im Wald – nach Hohholz, Dettendorf, über Ober- und Untersachsen nach Diespeck. An der Hauptstrasse links auf einen Radweg, dort unter dem Kreisel vorbei am Gelände der „Frankenbrunnen" Richtung Altstadt von Neustadt. Nach ca. einem weiteren km liegt leicht rechts unten das ausladende Gebäudeensemble der „**Hausbrauerei-Gasthof**

124

Kohlenmühle". Innen wie außen eine Pracht, bietet die Kohlenmühle einen schönen Biergarten vor dem Gasthof und noch einen schöneren links daneben, der bis zum Wasser reicht. Das Bier, ein Dunkles, ist gut. Daneben gibt's Helles und ein dunkles Hefeweizen, Kohlenstoff genannt. Hier kann muf auch übernachten. Alles wirkt irgendwie noch neu und geschäftsmäßig, die Gründung war erst 2005, aber sehr gekonnt und die Mitarbeiter sind zuvorkommend. Gut.

Neustadt a.d. Aisch – Uehlfeld (15 km)
Von der Kohlenmühle zunächst ca. 2 km zurück auf dem gleichen Weg, dann durch Diespeck hindurch und am Ortsausgang einfach auf den Radweg entlang der B470. Dieser führt über Gerardhofen und Dachsbach nach Uehlfeld (auch Brauerei Prechtel mit Keller in Voggendorf). (Alternativ geht der etwas längere Aischtalradweg auf der anderen Flußseite). Nach in Summe - weitgehend, und deshalb gut zu fahrenden - flachen 80 km heute erreichen wir die **Brauerei Zwanzger**. Dort gibt's ein Dunkles und ein Helles, beides mit eigenem Geschmack. Die Zimmer sind neu renoviert, guter Standard, Frühstück ist okay; 35,-€. Die Wirtin trennt sich jedoch ungern von ihren Bierdeckeln (zwei zur Erinnerung an einen schönen Abend), seit dem sie bei ebay gesehen hat, dass diese für mehr als die Herstellungskosten dort zwischen Sammlern gesteigert werden können. Hier könnte muf einige Marketing-Überlegungen anstellen, z.B. ob - da Bierdeckel wohl allerhöchstens einen nichtmateriellen Sammlerwert haben – der Zweck von Werbung nicht gerade darin besteht, sich bekannt zu machen und Wiedererkennung herzustellen... Seltsam. Ich frage mich allerdings auch, wer Zeit und Muße für Bierdeckelersteigerung hat...

Tag 6 Uehlfeld-Elsendorf (72 km)
Uehlfeld-Aisch (16 km)
Gegen 9.00 aufgebrochen und den halben Vormittag noch über den Wert von Bierdeckeln philosophiert. Der Weg führt von Uehlfeld zunächst am Ortsausgang rechts nach Voggendorf und dort zurück auf den „Fränkische Karpfenradweg", FKR. (Alternativ: Parallel und teilweise identisch dazu verläuft der Aischtalradweg). Dem FKR folgen wir über Sterpersdorf bis Höchstadt. Von dort aus auf einem der Radwege über die A3 und Medbach nach Adelsdorf. Der Aischtalradweg biegt im Ort links über die Brücke nach Aisch ab. Hinter der Brücke links und nach ca. 100 m erwartet uns die **Brauerei Rittmayer** mit einer schönen Sonnenterasse unter Kastanien und einem vorzüglichem hellen Lager.

Aisch-Buttenheim (18 km)
Vom Rittmayer radeln wir auf wenig befahrener geteerter Strasse dem Aischtalradweg über Lauf, Haid, Willersdorf und Hallerndorf (Brauerei Lieberth, Brauerei Rittmayer) bis nach Trailsdorf. Dort – nun wieder auf dem BBT - biegen wir abwärts

nach Schlammersdorf (Brauerei Witzgall) rechts ab. Es geht wieder über eine Aischbrücke und leicht links aus dem Ort hinaus. An der Kreuzung (rechts ist das Farbenwerk) links auf einen sehr kurzen Radweg über den Main-Donau-Kanal, dann wiederum links nach Neuses in den Ort hinein. Dann zwei mal links/rechts, über die A73 nach Unterstürmig und von dort – auf dem BBT- nach Buttenheim (Brauerei Löwenbräu und St.Georgenbräu).

Ortseingang von Aisch

Wenn muf die Strasse herabfährt, liegt links der Löwenbräu- und rechts der **St.Georgenbräu**-Keller leicht oben am Hang. Heute entscheiden wir uns für rechts und geniessen zum Mittagessen ein übliches Kellergericht, nämlich einen Wurstsalat und trinken das Kellerbier. Der St.Georgenbräu hat seit einigen Jahren auch ein gutes Weizen.

Buttenheim-Stiebarlimbach (10,5 km)
Vom Keller geht es abwärts, dann über die Bundesstrasse hinein nach Buttenheim vorbei am Levi-Strauss-Museum leicht nach oben auf die Hauptstrasse. Wir fahren nach Altendorf ab, wieder über die A73, durch den Ort quasi geradeaus durch, über MD-Kanal und Regnitz nach Seußling. Nach kurzem Stich links im Ort die Strasse nach Trailsdorf nehmen. Danach bis kurz hinter Hallerndorf auf der gleichen Strasse wie auf dem Hinweg, dem Aischtalradweg, bleiben. Rund 500m hinter Hallerndorf den 2. Weg rechts durch Felder einschlagen. Er führt auf einem teilweise geschotterten Feldweg nach Stiebarlimbach. Wenn Sie sich rechts halten,

können Sie - an einigen Weihern vorbei - direkt zum Keller der **Brauerei Roppelt** kommen. Dort gibt's ein sehr süffiges Lager und einen sehr großen, sehr professionell gestalteten Kellerbetrieb. (Wer mal nicht nur Radfahren möchte, dem sei zur Entspannung und Muße empfohlen, vom Roppelt-Keller einen kleinen ca. 15 min. dauernden Fußweg durch den Wald auf den Kreuzberg und zur Kapelle zu machen (Keller der Brauereien Rittmayer, Lieberth und Friedel).

Stiebarlimbach-Sambach (10 km)
Vom Roppelt-Keller über die Zubringerstrasse zum großen Parkplatz rechts durch Stiebarlimbach hindurch fahren. An der Kreuzung oben am Ortsausgang auf die Strasse nach Greuth (Brauerei Fischer) und Zehntbechhofen (Brauerei Friedel) einbiegen. Hinter Zehntbechhofen rechts auf die Strasse nach Schweinbach. Es geht leicht und gemütlich bergab. Von Schweinbach weiter auf der Strasse abwärts, durch den Weiler Wind, an der Kreuzung hinter der Brücke über die Reiche Ebrach erreichen wir links Sambach. Nach ca. 500m liegt rechts die Kirche und direkt daneben die **Brauerei Hennemann**. Hier kann man in einem sehr kleinen Biergarten ein prächtiges Weizen bekommen, die Landweisse. Außerdem gibt's Dunkles und Helles, die bereits auf anderen Touren empfohlen werden konnten.

Sambach-Elsendorf (17,5 km)
Vom Hennemann rechts zurück auf die Hauptstrasse und vor einem Knick links über die Reiche Ebrach auf den Radweg „Fürstbischöfliche Tour", FBT. Auf dieser immer draufbleiben, vorbei an Pommersfelden und dem weitläufigen, ummauerten Schloßgelände, über Limbach, Schirnsdorf, Horbach und Kleinwachenroth retour zum Ausgangspunkt der 6-tägigen Tour, zurück nach Elsendorf zum **Sternbräu**, der allerdings seit ca. 2015 nicht mehr selbst braut. Es ist 17.00, 8 Std. und rund 72 km betrug die heutige Strecke. Bei Lindners erwartet uns eine Übernachtung der Marke Standard (um 45,-€), gutes Essen sowie entweder Helles oder ein dunkles Kellerbier. Der Sternbräu ist wegen seiner Nähe zur A3 beliebtes Zwischenziel internationaler Reisender. Außer uns fand ein komplett mit Rentnern besetzter Bus aus Dänemark auf der Reise nach Italien Asyl und was zu Essen und Trinken. Die Familie Lindner bewirtete diese und uns andere Gäste sehr freundlich und mit gelassen professioneller Routine.

Insgesamt führte die Tour „Sechstagerennen" über 374 km durch Steigerwald, Maintal, Fränkische Schweiz und den Aischgrund, landschaftlich wunderschön. Start war Sonntag nach Mittag. Es gab einige längere Etappen, in Summe war es wellig, dabei aber gut fahrbar. Genuss pur.

25. An Main und Tauber

Deutsche Ausflugskarte, Nr.31, Rund um Frankfurt, Taunus/Vogelsberg/Spessart; Kompass Radkarte 3098 Würzburg/Frankenhöhe/Rothenburg; Bikeline Liebliches Taubertal

An Main und Tauber

©2015 MapQuest - "Map data © OpenStreetMap and contributors.

Burg Rothenfels am Main

Wertheim-Rothenfels-Ochsenfurt-Wertheim (176 km)

Das ist der „Zwilling" zur Tour 26; hier geht's vom unteren Maintal bei Wertheim nach Ochsenfurt und durchs Taubertal zurück. Weitgehend flach mit zwei Ausnahmen, zum einen die Abkürzung über den Berg zur Vermeidung der großen Mainschleife bei Gemünden, zum anderen der Anstieg aus Ochsenfurt als Wechsel aus dem Main- ins Taubertal bei Lauda.

Tag 1 Wertheim-Rothenfels (35 km)

Wertheim-Homburg (16 km)
Um die Mittagszeit in Wertheim (Spessart Bräu in Kreuzwertheim, T23) gestartet, führt die Strecke zunächst auf dem Mainradweg (MR) über Eichel, Urphar und Bettingen bis auf die Höhe von Homburg am Main. Hier den Radweg verlassen, die Strasse überqueren und hoch – steil, ca. 300m – rechts in den Ort fahren. Nach etwa 100m liegt links der Gasthof **Homburger Bräuscheuere**. Im Kleinen Innenhof gibt's lecker Helles und Dunkles.

Homburg-Marktheidenfeld (10 km)

Rollen Sie abwärts zurück auf den MR. Über Lengfurt geht der Radweg nach Marktheidenfeld zum **Martinsbräu**, Biergarten in der Stadt. Es gibt Helles und Dunkles. Sollte der Biergarten noch zu haben (er öffnet erst gegen 16.00), kann muf alternativ in einem der Cafes schön am Mainufer sitzen.

Marktheidenfeld-Rothenfels (9 km)

Von Marktheidenfeld nach Rothenfels ist es nicht so weit. Sie müssen aber über die Brücke auf die andere Mainseite und dort auf Radwegen und einer Nebenstrasse fahren bis zur **Brauerei Bayer**. Dort kann muf gut essen und trinken. Der Bayer läßt sein Bier mittlerweile von einer anderen Brauerei herstellen; uns schmeckte das Dunkle nach eigenem, althergebrachtem Rezept besonders gut. Verschiedene Übernachtungsmöglichkeiten im Ort.

Tag 2 Rothenfels-Ochsenfurt (69 km)
Rothenfels-Würzburg (46 km)

Aus Rothenfels geht der Radweg zunächst mainaufwärts bis nach Neustadt, wo eine Fußgängerbrücke nach Erlach den Main überquert. Hier wieder ca. 3km mainabwärts bis zu einer Abzweigung nach links. Der Radweg steigt bis nach Ansbach an. Von dort geht es auf der Strasse nach Urspringen und dann nach Duttenbrunn. Muf fährt noch ein wenig auf und ab bis zur langen Abfahrt runter ins Maintal nach Zellingen. Hier bitte wieder auf den MR Richtung Würzburg fahren.

Der Weg zieht sich am Main entlang bis in den Vorort Zellerau, macht einen Bogen und schon erreicht muf Würzburg. Wenn Sie in die Innenstadt möchten (**Würzburger Hofbräu** mit Gasthof „**Alter Kranen**") so nehmen Sie am besten gleich die erste Brücke (B8). (Wenn Sie nicht in Ochsenfurt übernachten, sondern in Würzburg...dann bleiben Sie auf dem MR und kehren nahezu gegenüber der alten Brücke unterhalb der Marienburg in dem Biergarten des **Brauhaus Würzburg – Goldene Gans** ein (Obacht bei schlechtem Wetter: das Gasthaus öffnet erst in den Abendstd).

Würzburg am Main mit der Marienburg

Hier gibt's klassisch alles, was ein Biergarten so bieten kann, u.a. ein Helles und ein Weizen, übliche Biergartenspeisen; alles gut nach einer längeren Fahrstrecke. (In Würzburg diverse Übernachtungsmöglichkeiten, z.B. zentral b&b-Hotel, Veitshöchheimerstr., EZ um 65,-€)

Würzburg-Ochsenfurt (23 km)
Vom Brauhaus Würzburg, Goldene Gans Keller bleiben Sie zunächst mainaufwärts auf dem MR, wechseln mit ihm jedoch hinter den Sportplätzen die Flußseite und fahren über die Weinorte Randersacker, Eibelstadt und Sommerhausen bis nach Kleinochsenfurt.

Ein Distelhäuser Dunkles wird in Würzburg auch gerne getrunken

Nach Ochsenfurt (auch Brauerei Oechsner mit Gasthaus zum Anker, inkl. Übernachtungsmögl.) selbst wird die Mainseite erneut gewechselt. Im Ort, mitten in der Hauptgasse in der Altstadt liegt der **Brauereigasthof Kauzen**, Speis, Trank (empfehlenswert das Weizen) und Übernachtung inkl. Alles gut, nette Wirtin, Zimmer Standard, Übernachtung mit Frühstück um 55,-€.

Tag 3 Ochsenfurt-Wertheim (72 km)
O`furt-Distelhausen (41km)
Am nächsten Morgen gegen 9.00 gestartet führt der Weg zunächst durch die Altstadt und dann links auf den Gau-Bahn-Radweg (GAU). Das ist eine aufgelassene Bahntrasse und führt wunderschön und nur allmählich steigend aus dem Maintal über Tückelhofen nach Gaukönigshofen. Hier haben wir rechts den GAU verlassen, um über Wolkshausen, Herchs- und Allersheim bis nach Oberwittighausen zu fahren.

Die Stadt Ochsenfurt geht auf eine "Kuh"haut

Ab hier geht es auf dem „ET-4" durch das Grünbachtal sehr angenehm und landschaftlich reizvoll bis nach Gerlachsheim bei Lauda. Suchen und finden Sie den Radweg „Liebliches Taubertal" (LT). Zwischen Lauda und Tauberbischofsheim liegt rechts oben Distelhausen und die **Distelhäuser Brauerei**. Im Biergarten an der Brauerei gibt's ein feines Dunkles.

Brückenheiliger Mainzer Bischof bei Lauda im Taubertal

Distelhausen-Wertheim (31 km)

Vom Distelhäuser geht es abwärts zurück auf den LT und über Tauberbischofsheim durch altes Kurmainzisches Gebiet über Gamburg und Kloster Bronn leicht wellig aber jederzeit lieblich auf und ab bis nach Wertheim, zum Ziel und zurück zum Ausgangspunkt der Tour, eine dreitägige Angelegenheit an Main und Tauber mit in Summe 176 km.

26. Die Flußtälerfahrt: An Main, Aisch, Tauber und Wern

Kompass Fahrradkarten 3098 Würzburg, Frankenhöhe, Rothenburg o.d.T.; 3082 Bamberg, Haßberge, Steigerwald; 3073 Würzburg Maindreieck; Landesamt für Vermessung und Geoinfo, Bayern, UK50-9 Naturpark Steigerwald, südlicher Teil

Das ist eine Tour über 282 km und 3,5 Tage mit 4 Übernachtungen durch Unter- und Mittelfranken, entlang der Flußtäler von Main, Aisch, Tauber, Wern und wieder am Main.

Tag 1. Viereth-Bad Windsheim (79 km)
Viereth-Uehlfeld (43 km)
Von der **Brauerei Mainlust, Bayer**, Sonntags morgen nach Übernachtung gestartet, geht die Fahrt von Viereth oben im Ort links auf einem Nebenradweg zunächst hoch nach Tütschengereuth und von dort abwärts nach Walsdorf. Über die Strasse geradeaus kommen Sie am Ortsausgang auf den „Steigerwald-Hochweg" (STH), der Sie nach Grasmannsdorf (Brauerei Kaiser) und danach über die Brücke mit den 7 Heiligen (Vgl. Tour 1) nach Burgebrach (Brauerei Gasthof und Keller Schwan) bringt. Suchen Sie dort den Nebenradweg „Main-Aurach-Ragweg" (MAR), der Sie hangaufwärts aus der Stadt über den Försberg nach Hirschbrunn bringt.

Radeln Sie – jetzt immer ganz leicht abwärts über Unterköst und Steppach nach Pommersfelden; vorbei am imposanten und weitläufigen Schloß Weissenstein, immer auf dem MAR unter der B505 durch nach Bösenbechhofen, Saltendorf und bis nach Medbach. Hier können Sie rechts über die A3 auf den Aischtalradweg (AR) nach Höchstadt abbiegen.

Viereth-Bad Windsheim-Ochsenfurt-Werneck-Viereth (282 km)

© OpenStreetMap contributors

Durchfahren Sie Höchstadt bis zur Brücke links und zum Kreisel der B470. Es geht nun kurz entlang der Bundesstrasse, bevor Sie – auf dem AIS über Sterpersdorf, vorbei an der Antonius-Kapelle links am Hang oben und Lauberberg, nach Voggendorf kommen und zum Keller der **Brauerei Prechtel**, Uehlfeld, Gaststätte im Ort.

Unter Robinien gibt's Helles – Schnapperla – und ein Kellerbier, daneben ein Weizen, saisonal ein Rotbier namens „Brunnenlump". Alle gut und lecker; zu Essen Brotzeiten, wie es sich für einen Keller gehört.

„Lernt glauben, Lernt kämpfen, Lernt sterben" Zu recht umstrittenes martialisches Kriegerdenkmal in Pommersfelden

132

Uehlfeld- Neustadt a.d.Aisch (16 km)
Vom Keller der Familie Prechtel kurz hundert Meter runter zurück auf den AR, dann über Dachsbach, Gerhards-, Rappels- und Reinhardshofen nach Gutenstetten (Brauerei Windsheimer, Vgl. Tour 14). Verlassen Sie hier den AIS, überqueren Sie die Aisch nach Neumühle und wenig später erreicht muf Diespeck. Das zieht sich ein wenig bis zum einem großen Kreisel beim Mineralwasser-Hersteller „Franken Brunnen". Fahren Sie entlang der Straße nach Neustadt a.d.Aisch ein. Nach ca. 1 km liegt rechts leicht unten die **Brauerei Kohlenmühle**. Nun haben Sie zwei Möglichkeiten zur Einkehr: Entweder unmittelbar im Biergarten unter Sonnernschirmen, oder ohne Bedienung und längere Wartezeiten wie auf dem Keller links hinter der Kohlenmühle unmittelbar an der Aisch. An beiden Stätten wird Helleres „Moggerla" und Dunkles „Kohlenstoff" zum Trinken geboten. Im Kellerbiergarten an der Aisch gibt's kleinere Gerichte, im Biergarten vorne gibt's Fränkisches.

Neustadt a.d.Aisch – Bad Windsheim (20 km)
Von der Kohlenmühle fahren Sie weiter stadteinwärts, durchqueren das Zentrum und nach rechts einen Park. Überqueren Sie die B 470 Richtung Stadtteil Riedfeld. Von dort geht's links – wieder auf dem AIS - nach Schauerheim und über Alt-, Ips und Lenkersheim schließlich in die alte freie Reichsstadt Bad Windsheim (Brauerei Döbler). Zahlreiche Einkehr- und Übernachtungsmöglichkeiten rund um den Marktplatz sind sehr einladend. Wer einen Tag Pause machen möchte, macht nix falsch wenn er/sie dann das Fränkische Freilandmuseum besucht. Im Wirtshaus am Kommunbräu gäbe es dann Bier der B.W: Bürgerbräu Strauß zu verkosten, das Freilandmuseum Zwickel.

Tag 2. Bad Windsheim-Ochsenfurt (76 km)
Bad Windsheim- Rothenburg o.d.Tauber (28 km)
Am nächsten morgen führt der AIS uns über Burgbernheim, zweierlei Steinach und Hartershofen nach Rothenburg o.d.Tauber; mittelalterlicher Megawahnsinn an der Romantischen Straße voller fotografierender Chinesen mit Selfiestangen. Wie immer: es könnte sehr schön sein, wenn außer einem selbst sonst keine Touristen da wären, die erhaltene, begehbare Stadtmauer, das Rathaus, die vielen Fachwerkhäuser, Lage und Aussicht ins Taubertal. Leider gibt's heute als Kulturerbe nur virtuell einen Meistertrunk, aber keine eigene Brauerei in der Stadt mehr. In den zahlreichen Gasthäusern wird gern und oft Distelhäuser ausgeschenkt, ein feines Bier.

Rothenburg o.d. Tauber – Creglingen (18 km)
Vom Rathaiusplatz in Rothenburg fahren bzw. schieben Sie am besten wieder kurz hoch und verlassen die Stadt durch den Ortsteil Dettwang abwärts in zwei Serpentinen ins Taubertal und auf den Radweg „Liebliches Taubertal-Klassiker" (LTK).

Schneebälle und architektonische Impressionen aus Rothenburg o.d.Tauber

Der bringt Sie wunderschön über Bettwar und Tauberzell zur Holdermühle, wo-wenn bereits mittags geöffnet ist, eine Einkehr im Gasthaus (auch rustikale Über-nachtung möglich) auf der Grenze zwischen Bayern und Baden-Württemberg emp-fehlenswert ist, Biere der Kauzen Bräu aus Ochsenfurt. Im Gasthaus sind auf der bayrischen Seite die Tischdecken blau-weiß auf der badischen schwarz-gelb, Bänke im Hof. Ansonsten hinter der Mühle bergauf und bergab über Archshofen nach Creglingen radeln. Dort ist ein Mittagstisch auch unter der Woche möglich.

Im lieblichen Taubertal

Creglingen-Ochsenfurt (30 km)
Die letzte Etappe des heutigen Tages führt von Creglingen auf dem LTK zunächst nach Bieberehren. Hier beginnt nun einer der schönsten...wie immer Geschmacksa-che...Radwege auf einer aufgelassenen alten Bahntrasse bis zum Ziel in Ochsenfurt, der „Gaubahnradweg" (GAU).

134

Diese klasse Verbindung vom Tauber- ins Maintal steigt erst mal sanft ca. 6-7km bis ungefähr Gelchsheim an, danach rollt muf über Sonder- und Gaukönigshofen bis nach Ochsenfurt (auch Brauerei Oechsner). Halten Sie sich am Ausgang des GAU rechts und nach ca. 1 km auf Strassen kommen Sie nach einer links/rechts Kombination in die Altstadt. Ziemlich am oberen Ende der Fußgängerzone liegt rechts der **Gasthof Kauzen**, der gleichnamigen Brauerei. Essen und Trinken ohe Beanstandung, als Bier ein Helles oder ein Weizen; die Übernachtung mit Frühstück ist guter Standard und kostete zuletzt 2018 allerdings um 60,-€.

Tag 3 Ochsenfurt-Werneck (60 km)
Ochsenfurt-Abtei Münsterschwarzach (28 km)
Vom Gasthof Kauzen morgens runter an den Main, startet der Tag auf dem Main-Radweg über Marktbreit und Marktsteft (Privatbrauerei Kesselring) erst mal bis nach Kitzingen. Wir bleiben einfach auf dem MR und fahren durch Albertshofen (Albertshöfer Sternbräu, kein Gasthof) zur Abtei von Münsterschwarzach. Hier läßt sich gut jausen, der Abtei ist eine Biobäckerei angeschlossen.

Münsterschwarzach-Wipfeld (Fähre) (19 km)
Von dort geradeaus auf einem Nebenradweg geht es über Volkach, Fahr und Stammheim, bis ca. 2km – jetzt wieder auf dem MR - dahinter die Straße links zur Mainfähre abzweigt. Den Main queren wir nach Wipfeld.

Wipfeld-Werneck (13 km)
Von Wipfeld ist es nicht mehr so weit bis zum Etappenziel. Auf dem MR strampeln Sie noch kurz bis nach Dächheim, um hier links den Berg hoch aus dem Maintal nach Theilheim abzubiegen. Über Waigolshausen erreicht muf dann Werneck am Schloß und wenig dahinter den **Brauereigasthof Werneck**. Die Übernachtung mit Frühstück ist ebenfalls ein guter Standard und kostet ab 46,-€ im EZ. Zu trinken gibt's Helles, ein Weizen und ein empfehlenswertes Kellerbier. Essen ist gut und beides am schönsten im Biergarten, der im Hof liegt; inkl. der Möglichkeit in einem Fass zu sitzen. Die Wirtsleute sind sehr zuvorkommend und eine Reise dorthin lohnenswert.In jedem Fall aber vorher anrufen. Wegen Extraveranstaltungen stand ich schon ein paar mal vor dem Schild „Heute geschlossene Gesellschaft".

Tag 4 Werneck-Viereth (67 km)
Werneck-Zeil am Main (45 km)
Der „3,5te" Tag sieht vor, zunächst von Werneck auf dem Werntalradweg (in die andere Richtung führt dieser sehr angenehme und schöne Weg bis nach Gemünden an den Main) bis nach Bergrheinfeld und zurück auf den MR zu fahren. Bleiben Sie dann einfach auf dieser Trasse, die Sie entlang der Uferpromenade von

Schweinfurt immer am Wasser lang vorbei an Schonungen (in ca. 2 km in Hausen Brauerei Ulrich Martin) Gädheim und Theres bis nach Hassfurt bringt. Durchqueren Sie die unterfränkische Metropole und radeln Sie dann auf dem MR an der B 26 nach Zeil am Main und zur **Brauerei Göller Zur Alten Freyung**. Hinter dem großen Biergarten können Räder abgestellt werden, im Biergarten mundet das Weizen besonders gut. Zu Essen gibt's Brotzeiten und Fränkisches.

Zeil am Main-Viereth (20 km)
Das letzte Stück besteht aus dem MR über den Main, und dann über Sand, Eltmann, Rossstadt, Trunstadt bis zum Kreisel vor Viereth. Fahren Sie in den Ort ein, der geschäftige und wegen der Nähe zum Weltkulturerbe Bamberg vielvisitierte **Brauerei-Gasthof Mainlust, Bayer** residiert ca. 500 Meter rechts an der Straße (vgl. auch Touren 13 und 19). Wir erreichen den Gasthof gegen 14.00. Zu trinken gibt's Helles und ein gutes klassisches Dunkles, zu Essen sehr gute fränkische Gerichte und Schnitzelküche. Die Übernachtung mit Frühstück ist im Vergleich eher rustikal mit Preisen ab 28,-€. Alles passt, ein traditioneller, familiengeführter fränkischer Gasthof.

Kitzingen am Main

Das wars, eine längere Schleife (282 km) durch fränkische Flußtäler mit zahlreichen Brauereien entlang des Weges. Und aber nicht nur auf dem – mitunter befahrenen und bekannten - Mainradweg, sondern auch mal abseits im Aisch-, Tauber- und Werntal. Macht das mal, ist gut.

27. Out of Franken in der Fremde: Ein Abstecher in die Oberpfalz und nach Oberbayern

Kompass, Fahrradkarten 3096 Fänkische Schweiz, Kulmbach, Bayreuth; 3104, Regensburg und Umgebung; 3099 Hersbruck, Amberg, Neumarkt i.d.Opf, Weiden; 3100 Nürnberg und Umgebung; Landesamt für Vermessung, Geo.info Bayern,, UK50-9, Naturpark Steigerwald, südlicher Teil, Landesamt für Vermessung UK50-24 Naturpark Altmühltal, mittlerer Teil; ADFC Reg.karte, Altmühltal, Ingolstadt

Die letzte im Buch beschriebene Tour über 5 Tage und 432 km sprengt radikal den Rahmen. Wir tasten uns über die fränkischen Landesgrenzen in die quasi ausländische Oberpfalz und in den heute oberbayrischen Landkreis Eichstätt vor. Letzterer gehörte vor der Gebietsreform von 1972 noch zu Franken.

Oberreichenbach-Huppendorf-Edelsfeld-Mariaort-Weißenburg-Oberreichenbach (432km) © OpenStreetMap contributors

Tag 1 Oberreichenbach-Huppendorf (80 km)
Oberreichenbach-Hetzelsdorf (49 km)
Geht gleich gut und heftig los, ein erstes langes Stück mit Berg. Vom **Brauerei-Gasthof Geyer** in Oberreichenbach (Vgl. Touren 14, 23, 24) an einem Sonntagmorgen startet die Fahrt mit einem Rollen nach Unterreichenbach und Falkendorf nach Herzogenaurach. Entlang der alten Eisenbahntrasse rollt es sodann bis nach Frauenaurach und hier an den Main-Donau-Kanal (MDK). Auf der linken Seite radeln wir nun immer vorbei an Büchenbach. Passiert wird als Nächstes die Schleuse Erlangen. Über Möhrendorf queren wir den MDK bei Baiersdorf und verlassen den Ort rechts und über die Bahn nach Poxdorf und Effeltrich. Das Gelände steigt an bis

Gaiganz. Von da rollen wir abwärts bis Kunreuth und hier wieder bergauf und ab nach Mittelehrenbach. Jetzt beginnt der fiese Teil, eine schiere Quälerei, der lange und teilweise sehr steile Anstieg in die Fränkische bis auf die Höhe von Ortspitz. Ab jetzt radeln wir – und es geht noch mal richtig hoch – auf der BBT zum Weiler Seidmar und von da wellig über Hunsboden und Hundshaupten bis nach Hetzelsdorf. Ganz steil bergab kommt man zum **Brauerei-Gasthof Penning-Zeißler**, und zur kaum schlagbaren Kombination aus Kupferfarbenem Vollbier und sonntäglichem Schäuferla. Muf mag kaum weiterfahren.

Hetzelsdorf - Oberleinleiter (25 km)
Von Karl-Heinz und Reinhard Penning einfach zurück auf die Strasse nach Pretzfeld (Brauerei Nikl). Nach Speiss und Trank geht's dankbarerweise ausschließlich bergab. Hinter Pretzfeld über die Gleise und gleich rechts – immer noch auf der BBT – nach Ebermannstadt (Schwanenbräu, Tour 18). Bleiben Sie auf der BBT, in Gasseldorf beginnt dann der Leinleiteradweg auf der alten Bahntrasse, die Sie ganz sanft über Unterleinleiter, vorbei an Veilbronn und Traindorf nach Heiligenstadt (Brauerei Aichinger) bringt. Der Radweg (jetzt Fürstbischöfliche Tour, FT) führt weiter nun leicht aufwärts über Zoggendorf und Burggrub bis nach Oberleinleiter und zur Brauerei Ott. Mal abgesehen von den vielen Fliegen, sitzt es sich mit einem Hellen, dem Obaladara, gut im Biergarten unter Schirmen an der Strasse. Dunkles und Weizen schmecken ebenfalls.

Oberleinleiter-Huppendorf (6 km)
Das letzte Stück ist sowohl schön als auch zum 2. Mal an diesem Tag richtig bergauf. Vom Ott strampeln Sie auf der FT, einer schmalen Nebenstrasse, hoch durch das wunderschöne Leinleitertal Richtung des Weilers Geisdorf. Fahren Sie weiter auf dem Radweg nach Laibarös, hier kurz rechts und ziemlich direkt am Ortsausgang links auf den Flurweg, der nach oben raus schlechter wird, Sie aber nach weiteren ca. 1,5 km sicher nach Huppendorf und zum Ziel der heutigen Etappe, zur Brauerei Grasser geleitet. Bei – den hier im Buch schon diverse Male visitierten Grassers, vgl. Touren 3, 17,19,23 - kann muf neben Essen und Trinken auch sehr gut – nach Renovierung de luxe -übernachten. Mit Frühstück ist ein EZ, ich meine zu wissen, aktuell 2019 -ab 36,-€ zu haben.

Tag 2 Huppendorf-Edelsfeld (80 km)
Huppendorf-Pottenstein (35 km)
Der nächste morgen beginnt mit einer Fahrt vom Grasser links hoch, dann rechtsauf die Strasse nach Hohenpölz. Wir treten dann Pedale auf einem Nebenradweg nach Brunn, queren die Strasse kurz links/rechts nach Stüct und kommen über Neudorf, Siegritz, Gößmannsberg, Albertshof, um dahinter – sehr steil – abzufah-

ren ins Wiesenttal nach Doos. Rechts auf der Straße erreicht muf Behringersmühle. Ausnahmsweise fahren wir auf der B 470 bis Pottenstein (Brauerei Hufeisen, Mo. RT, vgl. Tour 23).Hier im touristischen Familien- Hot Spot der Fränkischen gibt's

nicht nur zahlreiche Verköstigungs-, sondern eventmassige Vergnügungsmöglichkeiten, unter anderem eine Burg, die Teufelshöhle, eine Sommerrodelbahn mit Skywalk, ein Felsenbad, Golf für jedermann, einen Klettergarten und was du sonst noch willst oder auch nicht...

Unter der Kastanie vom Penning-Zeißler..ein bei mir beliebtes Fotomotiv

Pottenstein-Neuhaus a.d.Pegnitz (27 km)
Aus funky Pottenstein radeln Sie vorbei an der Sommerrodelbahn und dem Tretbootsee entlang der B470 bis zur Abzweigung nach Kirchenbirkig.

Die Grassers aus Huppendorf

Hier geht's rechts kurz scharf bergan, dann links auf den Radweg, der muf durch den Andachtsweg nach Kühlenfels führt. Dieser Abschnitt im Wald ist kein guter Weg. Mühen Sie sich dann im Ort links auf der Strasse nach Bronn. An einem Montag vormittag gibt's keine geöffneten Restaurationen, also treten wir weiter in die Pedale durch den Veldensteiner Forst – sehr viel Wald - zunächst ein längerer Abschnitt bis zur „Waldschänke", danach gerade über die Strasse weg, wo muf im Wald dann auf den Radweg „Casanovas Ausritt" (CAS), und wenig später auf den „Pegnitzradweg" (PEG) und die parallele Bahnlinie trifft. Bleiben Sie auf dem PEG und Sie erreichen über Mosenberg wenige KM dahinter Neuhaus a.d. Pegnitz (Brauerei Kaiser, Restauration an der Burg). An einem Montagmittag ist Neuhaus ein trauriger, weil irgendwie verlassener Ort, keine geöffneten Gasthäuser. Es fehlt nur noch, dass vertrockenete Büsche über die Strasse wehen. Einzig ein Supermarkt und eine Tankstelle zeugen von städtischem Leben.

Neuhaus a.d.Pegnitz-Edelsfeld (18 km)
Wir überlassen Ghosttown dem unterwöchigen Schlummer auf einem Nebenradweg an der Strasse Richtung Krottensee und fahren von dort immer bergauf auf der Strasse nach Königstein. Willkommen in der Oberpfalz. Hier gibt's zahlreiche geöffnete Gasthöfe in der Ortsmitte. Von hier ist der Weg auch nicht mehr bis nach Edelsfeld, es beginnt aber mit einem steilen Anstieg aus Königsstein nach Namsreuth, dahinter auf einem gut geteerten Nebenweg rechts ab nach Vögelas, über die B 85 nach Niederändt und dann ein letztes mal bergauf nach Edelsfeld und zur **Brauerei Heldrich** mit Wirtshaus & Hotel Goldener Greif. Das ist ein großes Haus, im Hof ein Biergarten, in dem es traditionelle deutsche und internationale Küche zu Essen, ein Helles und ein Pils zu Trinken gibt. Neben Einheimischen sind Publikum und die Hotelgäste ebenfalls international, insbes. viele Amerikaner und ihre Familien. Aktuell oder früher sind viele auf dem nahen Truppenübungsplatz Grafenwöhr stationiert oder gewesen, wie die Wirtin zu berichten weiß. Die Übernachtung mit reichhaltigem Frühstück im de luxe EZ ist ab 60,- aufwärts zu haben. Wem das zu teuer ist, dem sei empfohlen, in Unterbringungsmöglichkeiten nach Königstein, Vilseck oder Sulzbach-Rosenberg auszuweichen, das ist jeweils so 10 km weit weg.

Tag 3 Edelsfeld-Mariaort (93 km)
Edelsfeld-Kastl (33 km)
Von Heldrichs ist die erste Etappe des nächsten Tages etwas umständlich, weil es nach Kastl keine - kurze - direkte Radwegeverbindung gibt. Also basteln wir uns aus Edelsfeld Richtung Westen über Neben- und Flurwege nach Bernricht und Lockenricht; ab da arbeiten wir uns bergauf, bergab irgendwie über die B14 und Bachets-, Eckerts- und Frechetsfeld unter der A6 bis auf die Höhe von Schwenderöd. Von da ab rollt es überwiegend auf einem Nebenradweg mit Namen „Tour de Birgland"

(TBI) bergab über Lein-
hof, Betzenberg und
Dettnach, bis muf nach
rechts abbiegend kurz
auf den „Schwepper-
mann-Radweg"(SWR)
gelangt. Der führt uns
durch sehr schöne Land-
schaft bis in den Ort
Kastl. Die Geschichte
vom Montag wiederholt
sich leider auch am
Dienstag. Am vormittag
ist nichts geöfnnet, alle
Türen verschlossen,
kaum ein Mensch zu
sehen. Wer es einsam
mag, und was zu Trinken
dabei hat, ist hier genau
richtig...

Im Veldensteiner Forst...hitzestrapazierte Bäume

Ein Planet für sich – Gasthof Heldrich in Edelsfeld

Kastl-Kallmünz
(37 km)
In Kastl beginnt
nun der „Lauter-
achtal-Radweg"
(LTR). Wir fahren
durch ein wun-
derschönes, mehr
oder minder aber
einsames Flußtal.
Rechter Hand
liegt der Trup-
penübungsplatz
Hohenfels, selbst
in Hohenburg,
dem einzigen
größeren Ort auf
der Strecke ist nix
los.

141

Schwarzer Zoigl in Kallmünz

Über Adersthausen erreichen wir um die Mittagszeit dann in Schmidmühlen wieder belebteres Terrain mit zahlreichen Möglichkeiten zur Einkehr oder zur Brotzeit an der Metzgerei im Ort. Gestärkt geht's weiter, nun auf dem „Fünf-Flüsse-Radweg" (FFR) am Fluß Vils über Emhof, Dietldorf und Rohrbach bis nach Kallmünz und zur **Brauerei zum Goldenen Löwen**. Entgegen den Ankündigungen hat das Wirtshaus häufig erst ab den Abendstunden geöffnet. Wenn das so ist, können Sie in kurz Entfernung das Bier des Goldenen Löwen (muf könnte hier auch übernachten), ein schwarzes Zoigl, im quasi Outlet, dem Gasthaus „Bürstenbinder" probieren. Das schmeckt prima, zu haben sind daneben kleinere Gerichte wie Speckpfannkuchen, und zu trinken auch Helles und ein Weizen.

Kallmünz-Mariaort (23 km)
Auf dem FFR radelt es sich hervorragend entlang der nun Naab über Krachenhausen, Pielenhofen (Hier gäbe es die Variante links hoch über Pettendorf zum **Prößl-Bräu** nach Adlersberg zu fahren, zu recht beliebt wegen Lage, leckerem Zwickel-

Im Lauterachtal

und Übernachtungsmöglichkeit, Vgl. Radwandern für Bierliebhaber – Bayern und Deutschland >und zu Besuch bei den Nachbarn<, 2.Aufl., Herbst 2020) und Etterzhausen bis zur Brücke an der Naab-Mündung. Diese überqueren und das Ziel, der Gasthof und – das dahinter liegende Hotel - Krieger in Mariaort ist erreicht. Übernachtung mit Frühstück im EZ ist ab 44,-€ zu haben, im Biergarten vorne wird traditionelles Essen aufgetischt, die Biere sind aus **Weltenburg** und von der Regensburger **Brauerei Bischofshof**. Alles gut und entspannt.

Tag 4 Mariaort-Weißenburg (81 km)
Mariaort-Etterzheim Bahnhof (5 km)
Am nächsten Morgen radeln wir wegen der doch ansonsten sehr langen Strecke zunächst auf dem FFR nach Etterzhausen zurück. Steilst hoch geht es zum Bahnhof. Wir nehmen den Nahverkehrszug bis nach Parsberg, dauert ca. 15 min.

Parsberg-Dietfurt (23 km)
Auch in Parsberg quälen wir uns vom Bahnhof erst mal hoch in die Stadt, um dann wenig später hinter dem Ort und dem wie so oft unvermeidlichem Industriegebiet rechts auf den Nebenradweg „Naab-Altmühl-Radweg" (NAR) einzubiegen. Dem folgen wir über Egl- und Daßwang, Kemnathen und Breitenbrunn schön durchs Tal bis nach Dietfurt an der Altmühl, zahlreiche Einkehrmöglichkeiten, z.b. am Platz in der Ortsmitte das „Gasthaus Zur Post, Niedermeyer".

Dietfurt-Kinding (20 km)
Ortsauswärts bleiben wir noch ein wenig auf dem FFR, über Töging und Kettingwörth werden wir nun von zahlreichen Altmühltalradlern begleitet. Hinter Kettingwörth, links als Abkürzung auf die Straße nach Kirchanhausen fahren, bei der „Kratzmühle" rechts zurück auf den Radweg, der die Strasse bei Pfraundorf überquert. Am Wald geht's nun auf dem Altmühltalradweg (AT) lang bis Kinding – wir sind im Landkreis Eichstätt und in Oberbayern angekommen; zahlreiche Einkehrmöglichkeiten, empfehlenswert etwa „Gasthof zum Krebs" mit schönem Biergarten am Marktplatz, regionale Biere, Weizen von Gutmann, Titting oder aus Riedenburg.

Kinding-Weißenburg (38 km)
Verlassen Sie hinter Kinding den AT nach rechts zugunsten des Anlautertalradwegs (AN). Sie sind richtig, wenn Sie es schaffen, ohne Rätseln und Schäden unter der A9 durch nach Enkering zu kommen. Durch das schöne Anlautertal führt der überwiegend geschotterte Waldweg als AN über Gundolding, Erlingshofen, Altdorf und Emsing bis nach Titting (Brauerei Gutmann). Bleiben Sie auf dem AN bis Bechthal. Biegen Sie hier links hoch nach Raitenbuch und radeln Sie wenig später auf dem Limesradweg (LR) vorbei an Burgsalach nach Oberhochstadt. Steil abwärts erreichen

Sie auf dem LR und dann wieder in Niederhofen auf dem AN Weissenburg, und hier in der Bachgasse, die **Brauerei Schneider „Zur Kanne".** Diese reicht neben anderen Bieren ein leckeres, dunkleres Märzen. Das sein empfohlen. In der alten Stadt der Römer bestehen zahlreiche Unterbringungsmöglichkeiten. Wir sind zuletzt im Hotel „Andreasstuben" in der Altstadt untergekommen.

Auf dem Land ist manchmal nicht mehr so viel los...

Ohne Frühstück kostet ein EZ um 50,-€. Zu Essen vor dem Haus eine kleinere Karte, zu Trinken neben anderem das unvergleichliche Märzen der Wettelsheimer Brauerei Strauß. Zurück in Franken, alles gut.

Wachturm am Limesradweg bei Burgsalach

Tag 5 Weißenburg-Oberreichenbach (93 km)
Weißenburg-Roth (32 km)
Die erste Strecke des letzten Ritts führt uns nach Ellingen (Schloßbrauerei), von dort nach Pleinfeld und von auf Radwegen oder wenig befahrenen Strassen über Georgsmünd bis nach Roth, am Markt zahlreiche Einkehrmöglichkeiten und ein Eiscafe.

Roth-Nürnberg (30 km)
Suchen und bleiben Sie vom Ortszentrum aus den Burgenradweg (BR), der sie bei Meckenlohe an den Main-Donau-Kanal (MDK) bringt. Nach links und dann ist es lange einfach. Immer am MDK über Rednitzhembach, Schwarzach Katzwang und Weiherhaus bis zum Nürnberger Hafen strampeln. Auf dem allerdings wegen der Stadt und des Weges entlang der Strasse kaum noch erkennbaren BR bleiben, durch Gibitzen- und Galgenhaben bis zur Innenstadt vorfahren. Sie haben das Zentrum – aber noch nicht die Altstadt -erreicht, wenn Sie unter der Bahn durchfahren. Dann links am Verlauf der B 8 halten - und Sie suchen, so wie wir jedesmal - links ihr Glück im Stadtteil Gostenhof.

Die **Brauerei Schanzenbräu** (Obacht: geänderte Öffnungszeiten, wenn hier geschlossen, fahren Sie doch an die Pegnitz, etwa in den Biergarten „Elke"s Bierstadl im Kettensteig", Biere der Brauerei Zirndorf) finden Sie entweder auf Nachfrage oder und besser in der Adam-Klein-Straße 27. Belohnt wird die Sucherei mit einem schönen Biergarten im Hinterhof und einem exzellenten Nürnberger Rotbier, dem „Schanzenbräu Rot", ein Traum.

Nürnberg-Oberreichenbach (31 km)
Die letzte Etappe unsere 5-tägigen Rundtour: Suchen Sie den Weg zur Pegnitz, überqueren Sie diese und fahren Sie auf dem „Regnitz-Radweg" (RT) am Ufer entlang über Schniegling und Fürth bis in den Fürther Stadtteil Stadeln. Hier links erneut über die Regnitz und den MDK und Sie kommen auf dem „Zenntalradweg" nach Flexdorf und wenig später nach Ritzmannsdorf. Biegen Sie hier rechts über Rothenberg nach Obermichelbach ab. Wenige Kilometer hinter dem Ort geht's steil runter und Sie sind zurück in Herzogenaurach (Brauerei Heller) auf dem „Aurach-Radweg" (AU). Sie durchfahren die Puma- Schäffler und Adidas-Stadt nach Falkendorf hoch. Ein letztes Mal nach rechts auf die Nebenstrasse nach Unterreichenbach abbiegen und nach weiteren ca. 2 km leicht aufwärts erreichen wir Start und Ziel unserer Reise, den **Brauerei-Gasthof-Geyer** mit Speis und einem Haustrunk oder dem guten Rotbier. Da kann muf nix falschmachen.

Das wars, ein Ausflug in die Fremde durch Ober- und Mittelfranken, durch die Oberpfalz und ein kleines Strück in Oberbayern. Die Reise lebt neben den zahlreichen Einkehrmöglichkeiten insbesondere von den Besuchen auf eher seltener frequentierten Nebenradwegen, als da sind: dem LeinleiterRadweg,

Brückenheilige auf dem Weg nach Nürnberg

dem Pegnitz-Radweg, dem Radweg durch das Lauterachtal und dem Anlauter-Radweg.

Elke"s Bierstadl im Kettensteig

Alles prima, wir raten jedoch dazu, bei der Streckenwahl unbedingt die Versorgungsmöglichkeiten unterwegs vorher zu klären. Wir haben doch manches mal unter der Woche vor verschlossenen Türen gestanden.

Schön wars von vorne bis hinten, die ganzen 432 km, picobello. Gerne bald wieder.

III. Wandertouren

1. **„Ein Klassiker", die Walberla-Tour:** Egloffsteinerhüll-
   Hetzelsdorf-Leutenbach-auf das Walberla-Dietzhof-Egloffsteinerhüll
Sie können z.b. am Gasthof Polster in Egloffsteinerhüll starten, über Hundshaupten nach Hetzelsdorf zur Brauerei **Penning-Zeißler** wandern. Von dort über den Holzerberg nach Leutenbach zur Brauerei **Drummer** (Mittagspause). Dann von dort aufs Walberla und Richtung über den Rödenstein nach Dietzhof zur Brauerei **Alt** absteigen. Von dort über die St.Moritz-Kapelle aufwärts über Seidmar zurück nach Egloffsteinerhüll. Dauer mit Pausen ca. 7 Std. , ca. 15 km. Wanderkarte: Kompass, Wander und Bikekarte 171: Fränkische Schweiz.

2. **Die „Genussreiche":** Egloffstein-Unterzaunsbach-Hetzelsdorf-
Thuisbrunn-Egloffstein
Vom Gasthof Post in Egloffstein starten, entlang der Trubach über Mostviel nach Unterzaunsbach zur Brauerei **Meister**. Dann rauf über den „Brand" nach Hetzelsdorf zur Brauerei **Penning-Zeißler**. Gut erholt wiederum aufwärts über Hundshaupten, und vorbei an den Ausläufern des Tierparks nach Egloffsteinerhüll und weiter vorbei am „Hoher Berg" nach Thuisbrunn zum **Elchbräu**. Abschließend zurück durch das Todsfeldtal nach Egloffstein. Dauer mit Pausen. Ca. 6 Std, ca. 17 km Strecke. Wanderkarte Kompass, Wander und Bikekarte 171: Fränkische Schweiz.

3. **„Der schönste Biergarten"** der fränkischen Schweiz inklusive:
   Behringersmühle-Köttweinsdorf-Rabenstein-Oberailsfeld- Behr.smühle
Vom Wanderparkplatz in Behringersmühle über den Schweigelberg nach Köttweinsdorf zum **Maihof**. Von dort über Eichenbirkig (auch der beliebte ökologische Landgasthof „Schönhof") zur Burg Rabenstein. Dann runter ins Ailsbachtal und nach Oberailsfeld zur Brauerei **Held**. Zurück über Unterailsfeld, Kohlstein und Tüchersfeld im Püttlachtal nach Behringersmühle. Dauer mit Pausen ca. 6 Std. Strecke geschätzt ca. 15 km. Wanderkarte: Kompass, Wander und Bikekarte 171: Fränkische Schweiz.

4. **Die „Bekannteste":** Der Brauereienrekordweg: (Breitenlesau)-
Heckenhof-Aufsess-Sachsendorf-Hochstahl-(Breitenlesau). Vgl.auch Radtour 12.
http://www.bierland-
oberfranken.de/download/brauereiwanderungen/Brauereiwanderung_5.pdf

5. **Die „Neue":** Fünf Seidla Steig: Weissenohe-Gräfenberg-Thuisbrunn-Hohenschwärz-Gräfenberg-Weissenohe:

http://www.fraenkische-schweiz.com/uploads/dateien/pdf/wandern/Fuenf-Seidla-Steig.pdf

6. **Der Bierquellenwanderung** um die Rotmainquelle mit Brauereien in Lindenhardt, Leups, Büchenbach (und Weiglathal):

http://www.bierquellenwanderweg.de

7. **Die Heftigste:** Von Loffeld auf den Staffelberg geht es steil bergauf. Gute Fernsicht ins Maintal um Bad Staffelstein, Einkehr am Biergarten an der Kirche in der Staffelbergklause und im **Staffelbergbräu** in Loffeld (oder in Stublang, **Brauereien Dinkel** und **Hennemann;** Ützing, **Metzgerbräu**), wenige, aber dafür heftige 4 km rauf und runter, Kompass Wandern/Rad 165, Nördliche Fränkische Schweiz.

E. Zum Schluß

Das war es. 27 Touren mit dem Rad durch Franken. Und natürlich sei an dieser Stelle betont, dass ich an Ihren Reisen und Erfahrungen interessiert bin. Bitte berichten Sie mir, wenn sie in Ihren Wegen rund um Bamberg, Bayreuth, Würzburg, Nürnberg und Erlangen oder in der angrenzenden Fremde wie der Oberpfalz, Schwaben, Nieder- oder Oberbayern unterwegs sind – von Ihren Touren mit dem Rad und Ihren „Einkehrschwüngen" in den Hausbrauereien Frankens und Bayerns. (wieland.achenbach@yahoo.com)

Wohin der Weg Sie führen mag...

Machen Sie mit, tragen Sie Ihren Teil zur Rettung dieser einmaligen Kulturlandschaft bei. Und entdecken Sie neue Strassen sowie alte und neue Kleinbrauereien.

F.   150 Brauereien to ride before you (or they) die...

I.   Adressen der Brauereien und Brauereigasthöfe
(alphabetisch nach Orten)
Legende: B = Biergarten, **Fettdruck** = Ortsteil, K = Keller,
RT = Ruhetag, Ü = Übernachtung; <> = ehemalige Brauerei; Zapfenwirte regionaler Brauereien; oder lassen z.b. nach eigenem Rezept woanders brauen

(Wenn nicht anders ausgewiesen, sind die Daten von 2015; in jedem Fall vorher anrufen, zahlreiche Öffnungszeiten haben sich jüngst geändert; deshalb als Service - soweit vorhanden- die websites)

1. Brauerei und Gasthaus Rittmayer, Tel. 09195/7222, Aischer Hauptstraße 5, 91325 Adelsdorf- **Aisch**, RT Montag, B; http://www.rittmayer-aisch.de

2. Albertshöfer Sternbräu, Tel.0162/2699078, Hindenburgstr.5, 97320 Albertshofen, ohne eigenen Gasthof; RT Sa,So; www.albertshoefer-sternbraeu.de

3. <Brauerei Schnupp, Tel. 09203/9920, Altdrossenfeld 8, 95512 Neudrossenfeld- **Altdrossenfeld,** RT Freitag, Ü, B>; www.landhotel-schnupp.de

4. Brauerei Herrmann, Tel. 09546/372, Brückenstr. 3, 96138 Burgebrach-**Ampferbach**, RT Dienstag, (Ü), K; www.brauerei-herrmann.franken-regio.de

5. <Brauerei Mazour-Fößel, Tel. 09544/20390, Baunacher Straße 28, 96169 Appendorf, RT Dienstag, B>; www.brauerei-zum-vaelta.de

6. Aufsesser Brauerei, Tel. 09198/92920, Im Tal 70, 91347 Aufseß, v. Apr.-Ende Okt. kein RT, Ü, B; www.brauereigasthof-rothenbach.de

7. Brauhaus Döbler, Tel. 09841/2002, Kornmarkt 6; 91438 Bad Windsheim; RT Di, So; B; www.brauhaus-doebler.de

8. Bad Windsheimer Bürgerbräu Strauß, Tel.09841/650950; Eisweiherweg, 91438 Bad Windsheim, Wirtshaus am Kommunbrauhaus, RT Mo, B; www.kommunbrauhaus.com

9. Ambräusianum, Tel. 0951/5090262, Dominikanerstrasse 10, 96049 Bamberg, RT Montag, B; www.ambraeusianum.de

10. Brauerei Fäßla, Tel. 0951/26516, Obere Königstraße 19-21, 96052 Bamberg, kein RT, Ü, (K); www.faessla.de

11. Brauerei Keesmann, Tel. 0951/9819810, Wunderburg 5, 96050 Bamberg, RT Sonntag, B; http://www.keesmann-braeu.de

12. Brauerei Spezial, Tel.0951/24304, Obere Königstr.10, 96052 Bamberg, kein RT, B, Ü; www.brauerei-spezial.de

13. Brauerei Schlenkerla,Tel.0951/56060, Dominikanerstrasse 6, 96049 Bamberg, kein RT; www.schlenkerla.de

14. . <Brauerei Sippel, Tel. 09544/2488, Burgstraße 20, 96149 Baunach, RT Mittwoch, Ü, B>; www.wirtshausfreunde.de/wirtshaeuser/5475-brauerei-gasthof-sippel-baunach.html

15. Becher Bräu, Tel.0921/68993, St. Nikolausstrasse 25, 95445 Bayreuth, RT Dienstag, B; http://www.becherbraeu.de

16. <Exportbierbrauerei Richard Glenk, Tel.0921/757190, Eichelweg 914, 95445 Bayreuth, B ohne RT>; http://www.glenkgarten.de

17. Brauerei Eller, Tel. 09565/1033, Brunnenstr. 10, 96253 Untersiemau/**Birkach am Forst**, RT Mittwoch, Ü, B; www.nordbayern.de/essen-trinken/gastro-guide/brauerei-gasthof-eller-inhaber-christian-eller-1.3502263

18. Konrad Krug Brauerei, Tel. 09202/835, Zimmer -535, **Breitenlesau** 1b, 91344 Waischenfeld, RT Apr.-Okt. Montag + Dienstag, Ü, B; www.krug-braeu.de

19. Brauerei Gasthof Schwan, Tel.09546/306, Hauptstraße 16, 96138 Burgebrach, RT Dienstag, Ü, K; www.schwanawirt.de

20. Löwenbräu Buttenheim, Tel. 09545/332, Marktstr. 8, 96155 Buttenheim, RT Montag, Ü, K; www.loewenbraeu-buttenheim.de

21. St. Georgenbräu Buttenheim, Tel. 09545/4460, Marktstr.12, 96155 Buttenheim, RT Dienstag, Ü im Gästehaus Schubert, K; www.georgenbraeu.de

22. Brauerei Alt Dietzhof, Tel. 09199/267, **Dietzhof** 42, 91359 Leutenbach, RT Montag, B; http://www.brauerei-alt.de

23. Brauerei Hauf, Brauereigaststätte Zum Wilden Mann, Tel. 09851/552525, Wörnitzstr.1, 91550 Dinkelsbühl, RT Mi, B; www.hauf-bier.de

24. Weib`s Brauhaus, Tel.09851/579490, Untere Schmiedgasse 13, 91550 Dinkelsbühl; RT Di, B,Ü; www.weibsbrauhaus.de

25. Distelhäuser Brauerei; 09341 / 805-821, Grünsfelder Straße 3, 97941 Tauberbischofsheim-**Distelhausen**; kein RT, B; www.distelhaeuser-brauhaus.de

26. Brauerei Eichhorn Schwarzer Adler, Tel. 0951/75660, **Dörfleins**er Straße 43, 96103 Hallstadt, RT Montag, B; http://www.brauerei-eichhorn.de

27. Brauerei und Gasthof Göller, Tel. 09505/1745, Scheßlitzer Straße 7, 96117 Memmels-
dorf- **Drosendorf,** RT Dienstag, B; www.goeller-brauerei.de

28. Brauerei Först, Tel. 09545/8583, **Drügendorf** 26, 91330 Eggolsheim, RT Donnerstag;
www.brauerei-foerst.de

29. Ebensfelder Brauhaus, Tel. 09573/5771, Hauptstraße 46, 96250 Ebensfeld, RT Montag,
K; http://www.ebensfelder-brauhaus.de

30. Schwanenbräu, Tel. 09194/767190, -209, Am Marktplatz 2, 91320 Ebermannstadt, kein
RT, Ü, K; www.schwanenbraeu.de

31. Brauerei Schwanen-Bräu, Tel. 09547/481, Marktplatz 11, 96179 Rattelsdorf-**Ebing**, RT
Donnerstag, Mo/Di/Mi ab 16.00, FR-So ab 10.00, B; www.schwanenbräu-ebing.de

32. Brauerei Heldrich; Tel.09665/91490, Sulzbacherstr.5, 92265 Edelsfeld, RT Di, B, Ü;
www.bier.by

33. <Landgasthof Sternbräu, Tel. 09552/310, Braugasse 2, Schlüsselfeld-**Elsendorf**, RT
Dienstag, B, Ü>; www.landgasthof-sternbraeu.de

34. Brauerei Hetzel, Tel.09573/6435, **Frauendorf** 11, 96231 Bad Staffelstein, RT Mo-
Sa;www.bier.by

35. Freudenecker Fischer Bräu, Tel. 09547/488, **Freudeneck** 2, 96179 Rattelsdorf, RT Montag, B; www.hahnerla.de

36. Forstquell-Brauerei, Tel.09832/9657, **Fürnheim** 35, 91717 Wassertrüdingen, Kein RT, B,
Ü; www.forstquell.de

37. Brauerei Gasthof Griess, Tel. 09505/1624, Magdalenenstraße 6, 96129 Strullendorf-
Geisfeld, RT Mittwoch, B, K; www.brauerei-griess.de

38. Brauerei Friedmann, Tel. 09192/992318, Bayreuther Straße 14, 91322 Gräfenberg, RT
Montag + Dienstag; www.brauerei-friedmann.de

39. Lindenbräu, Tel. 09192/348, Am Bach 3, 91322 Gräfenberg, RT Mo,Freitag, So erst ab
16.00 geöff., Ü, B; www.lindenbraeu.de

40. Brauerei Kaiser, Tel. 09546/390, **Grasmannsdorf** 9, 96138 Burgebrach, RT Montag, B;
www.brauerei-kaiser.de

41. Brauerei Norbert Fischer, Tel. 09502/545, **Greuth** 11, 91315 Höchstadt an der Aisch, RT
oft, nur Fr, Sa, So offen, B und K; https://www.greuth.de/brauerei-gasthof-fischer-in-
greuth.html

42. Brauerei Windsheimer, Tel. 09161/8726587,Hauptstr.14, 91468 Gutenstetten, RT Di, Mi; B, Ü; www.brauerei-windsheimer.de

43. Brauhaus am Kreuzberg – Friedels Keller, Tel. 09545/4736; **Kreuzberg** 1, 91352 Hallerndorf, RT Mo, Di, Mi, Do; K., www.brauhaus-am-kreuzberg.de

44. Brauerei Rittmayer Hallerndorf, Tel. 09545/509214; Kreuzberg 3, und Gasthaus Rittmayer, Trailsdorferstr.4, 91352 Hallerndorf; RT Mo, B, K; www,rittmayer.de

45. Brauerei Lieberth, Tel.09545-8558, Forchheimer Str.2, 91352 Hallerndorf, RT Mo, Mi; Keller im Dorf, Keller am Kreuzberg; www.bier.by

46. Brauerei Ulrich Maertin, Tel. 09727/403011, Hausener Hauptstr.5, 97453 Schonungen-**Hausen**; RT Di, B.; www.brauerei-martin.de

47. Kathi Bräu Heckenhof, Tel. 09198/277, **Heckenhof** 1, 91347 Aufseß, kein RT, B; www.kathibraeu.de

48. Brauerei Scharpf, Tel. 09569/1232, Hauptstrasse 16, 96145 Sesslach-**Heilgersdorf**, RT Dienstag, sonst von 10.00-13.00 und ab 16.00; www.scharpf-heilgersdorf.de

49. Gasthaus Brauerei Aichinger, Tel. 09198/522, Marktplatz 5, 91332 Heiligenstadt, kein RT, Ü; www.bier.by

50. Brauerei Stirnweiß, Tel. 09573/7919, Herreth, Nr.10, 96274 Bad Staffelstein-**Herreth**, kein RT, öffnen ab 17.00, B; www.brauerei-stirnweiss.de/html/gastwirtschaft.html

51. <Brauerei Fritz Barnikel, Tel. 09502/293, Dorfstraße 5, 96158 Frensdorf-**Herrnsdorf**, RT Mittwoch, B>; http://www.brauerei-barnikel.de

52. Brauerei Hans Heller, Tel. 09132/2073, Hauptstrasse 33, 91074 Herzogenaurach, kein RT, morgens bis 13.00 und nachmittags ab.15.00; https://brauerei-heller.de

53. Brauerei Penning-Zeißler, Tel. 09194/252, **Hetzelsdorf** 9, 91362 Pretzfeld, RT Montag+Dienstag, Mi-Fr. ab 17.00, B; www.bier.by

54. Brauerei-Gasthof Kraus, Tel. 09543/84440, Luitpoldstraße 11, 96114 Hirschaid, RT Dienstag, Ü, B; www.brauerei-kraus.de

55. Brauereigasthof Reichold, Tel. 09204/271, **Hochstahl** 24, 91347 Aufseß, RT Montag+Dienstag, Ü, B; http://www.brauerei-reichold.de

56. Brauereigasthof Hofmann, Tel. 09192/251, **Hohenschwärz** 16, 91322 Gräfenberg, RT Dienstag, B; http://www.brauerei-hofmann.de

57. Gasthausbrauerei Homburger Bräuscheuere, Tel. 09395/876882, Zeller Tor 6, 97855 Homburg a.M.; RT Mo, Di, B, Ü; www.braeuscheuere.de

58. Brauerei Grasser, Tel. 09207/270, **Huppendorf** 25, 96167 Königsfeld, RT Mo+Di, jeden 2. So erst ab 15.00; Ü, B; https://huppendorfer-bier.de

59. Wirtshaus und Brauerei zum Goldenen Löwen (oder Zum Bürstenbinder), Tel.09473/380, Alte Regensburgerstr.18, 93183 Kallmünz, RT Mo, B, Ü; www.luber-kallmuenz.de

60. Brauerei Schleicher, Tel. 09533/980933, Wirtsgasse 4, 96274 Itzgrund-**Kaltenbrunn**, kein RT, ab 17.00, Fr.-So. ab 10.00, B; www.brauerei-schleicher.de

61. Wagner-Bräu, Tel. 09544/6746, Hauptstraße 15, 96164 Kemmern, RT Dienstag, ab 15.00, B, K; http://www.brauerei-wagner.de

62. Spessart-Brauerei, Tel. 09342/85700, Junkergasse 2, 97892 Kreuzwertheim, keine Gaststätte; www.spessart-specht.de

63. Brauerei Gradl, Tel. 09246/247, 91257 Leups 6, 91257 Pegnitz, RT Di., B; www.leupser.de

64. Brauerei Gasthof Drummer, Tel. 09199/403, Dorfstraße 10, 91359 Leutenbach, RT Montag, Ü, B; www.brauerei-gasthof-drummer.de

65. Brauerei & Gasthof Kurzdörfer, Tel. 09246/221, Brauhausgasse 5, Creussen-**Lindenhardt**, RT Montag, Ü, B; http://www.brauerei-kuerzdoerfer.de

66. Staffelberg- Bräu, Tel. 09573/5925, Mühlteich 4, 96231 Bad Staffelstein-**Loffeld**, RT Montag, (Ü), B; www.staffelberg-braeu.de

67. Brauereigaststätte Hölzlein, Tel. 09505/357, Ellertalstraße 13, 96123 Litzendorf-**Lohndorf**, RT Dienstag, B; http://www.brauerei-hoelzlein.de

68. Brauerei Hartleb, Tel. 09532/240, Herrenstrasse 9, 96126 Maroldsweisach, RT Mittwoch, Ü, B; www.natuerlich-von-hier.de/index.php/brauerei-hartleb

69. Privatbrauerei Kesselring, Tel.09332/50630, Leithenbukweg 13, 97342 Marktsteft, keine Gaststätte; www.kesselring-bier.de

70. Martinsbräu Marktheidenfeld, Tel. 09391/1224, Mitteltorstr.1, 97828 Marktheidenfeld; RT Do, B; www.martinsbraeu.de

71. <Brauereigasthof Winkler, Tel. 09505/224, Otterbachstraße 13, 96123 Litzendorf-**Melkendorf**, RT Mo, Di, Ü, B>; www.brauerei-gasthof-winkler.de; jetzt Brauerei C. Grasser: www.brandholz-brauerei.de

72. Brauerei Wagner, Tel.09542/620, Pointstr.1, 96117 Merkendorf, RT Montag, B; www.wagner-merkendorf.de

73. Brauerei Zehendner, Tel. 09546/380, Haus Nr.18, 96138 Mönchsambach; RT Mo, B; www.moenchsambacher.de

74. Mühlenbräu Mühlendorf, Tel. 0951/29119, Brückenstr. 19, 96135 Stegaurach-**Mühlendorf**, RT Dienstag, Ü, K; www.gasthof-altemuehle.de

75. Sonnenbräu Mürsbach, Tel. 09533/981017, Zaugendorfer Straße 4, 96179 Mürsbach, RT Mo, (Di), Ü, B; www.sonnen-braeu.de

76. Brauerei-Gaststätte Schroll, Tel. 09204/248, **Nankendorf** 41, 91344 Waischenfeld, RT Dienstag, B; http://www.brauerei-schroll.de

77. Brauerei Reblitz, Tel. 09573/96500, Am Mahlberg 1, 96231 Bad Staffelstein-**Nedensdorf**, RT Montag, Ü, B; www.brauerei-reblitz.de

78. Brauereigasthof zum Löwenbräu, Tel. 09195/7221, Neuhauser Hauptstrasse 3, 91325 Adelsdorf-**Neuhaus**, RT keiner, Ü, B, K; www.zum-loewenbraeu.de

79. Kaiser Bräu, Tel.09156/8850, Oberer Markt 1, Neuhaus a.d. Pegnitz, kein Gasthaus; www.kaiser-braeu.de

80. Hausbrauerei-Gasthof-Kohlenmühle, Tel. 09161/6622777, Bambergerstr.53, 91413 Neustadt a.d. Aisch; RT Mo, B, Ü; www.kohlenmuehle.de

81. Brauerei Schanzenbräu, Tel.0911/93776790, Adam-Klein-Str.27, 90429 Nürnberg-Gostenhof; RT Mo, B; www.schanzenbraeu.de

82. Held Bräu, Tel. 09242/295, **Oberailsfeld** 19, 95491 Ahorntal, RT Mittwoch, Ü, B; www.held-braeu.de

83. Brauerei Wagner, Tel. 09503/229, Bamberger Strasse 26, 96173 Oberhaid, kein RT, K; www.brauerei-wagner-oberhaid.de

84. Brauerei Gasthof Ott, Tel. 09198/271, **Oberleinleiter** 6, 91332 Heiligenstadt, RT Dienstag, B; www.brauerei-ott.de

85. Brauereigasthof Geyer, Tel. 09104/2802, Hauptstrasse 18, 91097 Oberreichenbach, RT Dienstag, Ü, K, B; www.brauereigasthof-geyer.de

86. <Brauerei-Gasthof Zenglein, Tel. 09529/92240, Pfarrer-Baumann-Straße 23, 97514 Oberschleichach, RT Dienstag + Mittwoch, Ü, B>;

87. Brauerei-Gasthof Wichert, Tel.09571/3317, Alte Reichsstrasse 50, 96215 Lichtenfels-Oberwallenstadt, RT Mo, B, www.brauerei-wichert.de

88. Kauzen Bräu, Tel.09331/2237, Hauptstr.37, 97199 Ochsenfurt; Kein RT, B, Ü; www.kauzen.de

89. Privatbrauerei Oechsner, Gasthof zum Anker, Tel.09331/7409, Brückenstr.10, 97199 Ochsenfurt, B, Ü; www.oechsner.de

90. Brauer-Vereinigung Pegnitz, Gasthaus Ponfick, Tel.09241/2751, Hauptstr.2, 91257 Pegnitz, RT Mo, B; www.brauervereinigung.de

91. Brauerei Leicht, Tel. 09573/236, **Pferdsfeld** 3, 96250 Ebensfeld, RT Donnerstag, Ü, B; www.tourismusverein-ebensfeld.de/gastgeberverzeichnisund-gastronomie/eintraggastwirtschaft/article/gasthof-leicht.html

92. Brauerei Hufeisen, Tel. 09243/260, Hauptstrasse 38, 91278 Pottenstein, RT Montag, B; http://www.brauerei-hufeisen.de

93. Brauerei Mager, Tel. 09243/333, Hauptstrasse 15, 91278 Pottenstein, kein RT, Nov.-Ostern RT Samstag, Ü, B; www.brauerei-mager.de

94. Nikl-Bräu, Tel.09194/725025, Egloffsteinerstr.19, 91362 Pretzfeld; RT Mo, Di, Mi, B; www.brauerei-nikl.de

95. Brauerei Schrüfer , Tel. 09549/317,96170 Priesendorf, RT Mittwoch, B; www.bierstrasse-franken.de/brauerei/brauerei-schruefer-priesendorf

96. Brauerei Gasthof Schroll, Tel. 09544/20338, Hauptstraße 38, 96182 Reckendorf, RT Donnerstag, zwei Bänke vor der Tür; www.bier.by

97. Brauerei Bischofshof, Tel.0941/5941010, Krauterer Markt 3, 93047 Regensburg, Kein RT, B, Ü; www.bischofshof.de

98. Brauerei Müller, Tel 09502/608, Keller (im Wald): Am Bahnhof 13, 96158 Reundorf, RT Donnerstag, K; http://www.schmausenkeller.de

99. <Brauerei Weber, Tel. 09543/7882, Ringstr.46, 96114 Röbersdorf, RT Mittwoch, B>; www.brauerei-weber-roebersdorf.business.site

100. Brauerei Sauer Roßdorf, Tel. 09543/1578, Sutte 5, 96129 Roßdorf am Forst, RT Montag, B, K; www.brauerei-sauer.de

101. <Bayer Bräu, Tel. 09393 408, Hauptstr. 77 97851 Rothenfels, RT Di, B,> www.mainspessart.msp.info/Bayer_Braeustueble/7917/startseite/Rothenfels

102. Brauerei Sauer, Tel. 09195/9218172, Hauptstrasse 45, 91341 Röttenbach, RT – keiner, B, K; https://hopfenhaus.de

103. Brauerei Stadter, Tel. 09274/8193, Hauptstraße 26, 91347 Sachsendorf, RT Montag, B; http://www.braulehrer.de

104. Brauerei Hennemann, Tel. 09502/4307, **Sambach** 33, 96178 Pommersfelden, RT Montag + Dienstag, B; www.brauerei-hennemann.com

105. Brauerei Knoblach, Tel.09505/267, Kremmelsdorferstr.1, 96129 Schammelsdorf; RT Mo, B; www.brauerei-knoblach.de

106. Brauerei Will, Tel 09504/262, Haus Nr.19, 96187 Stadelhofen-**Schederndorf,** RT Dienstag, (Ü, FW), B; http://www.schederndorf.de

107. Brauerei Drei Kronen, Tel. 09542/1564, Hauptstrasse 39, 96100 Schesslitz; www.speisekarte.de/scheßlitz/restaurant/brauerei_drei_kronen

108. Brauereigaststätte Witzgall, Tel.09545/7452, **Schlammersdorf**erstr.17, 91352 Hallerndorf, RT Do, K; www.bier.by

109. <Brauerei Wernsdörfer, Tel. 09546/389, Obere Bachgasse 5, 96185 Schönbrunn, RT Dienstag + Mittwoch, Ü, B>; http://www.brauerei-wernsdoerfer.de

110. Gasthaus Reinwand, Tel. 09569/304, Maximiliansplatz 99, 96145 Sesslach, RT Mittwoch, B, Ü im Motel „Fränkische Landherberge"; www.gasthof-reinwand.de

111. Zum Roten Ochsen, Tel. 09569/1220, Flenderstrasse 95, 96145 Sesslach, RT Donnerstag, B, Ü; www.roter-ochse-sesslach.de

112. Hübner Bräu, Tel. 09207/259, **Steinfeld** 69, 96187 Stadelhofen, RT Donnerstag, B; https://huebner-braeu.de

113. Adler-Bräu, Tel. 09522/369, Hauptstraße 19, 96188 Stettfeld, RT Dienstag, B; www.adlerbraeu-stettfeld.de

114. Brauerei Gasthof Roppelt, Tel. 09195/7263, **Stiebarlimbach** 9, 91352 Hallerndorf, RT Mittwoch + Donnerstag, K; http://www.brauerei-roppelt.de

115. Brauerei Gasthof Hennemann, Tel. 09573/96100, Am Dorfbrunnen 13, 96231 Stublang, RT Montag, Ü, B; http://www.brauerei-hennemann.de

116. Brauerei Dinkel, Tel. 09573/6424, Frauendorfer Straße 18, 96231 Stublang, RT Mittwoch, Ü, B; www.dinkel-stublang.de

117. Brauerei-Gasthof Zum grünen Baum, Tel.09554/293, Schulterbachstr.15, 96181 Rauhenebrach-**Theinheim**, RT Mo; www.bayer-theinheim.de

118. Elch-Bräu, Tel. 09197/221, **Thuisbrunn** 11, 91322 Gräfenberg, RT Mittwoch + Donnerstag, B; www.gasthof-seitz.de

119. Brauerei Hönig Gasthof zur Post, Tel. 09505/391, Ellernbergstraße 15, 96123 Litzendorf-**Tiefenellern**, RT Donnerstag, B; www.brauerei-hoenig.de

120. Brauerei Gutmann, Tel.08423/985650, AmKreuzberg 4, 85135 Titting; RT Di, Mi; B; www.brauerei–gutmann.de

121. Beck-Bräu, Tel.09549/252, Steigerwaldstr.6-8, 96170 Trabelsdorf; RT Mo-Do, B; www.beck-braeu.de

122. Brauerei Roppelt, Tel. 09522/1840, An der Steige 2, **Trossenfurt**-Oberaurach, RT Donnerstag, K; www.brauereiroppelt.de

123. Brauerei Prechtel, Tel.09163/228, Hauptstrasse 24, 91486 Uehlfeld, K; www.brauerei-prechtel.de

124. Brauerei Zwanzger,Tel. 09163/959756, Burghaslacher Straße 10, 91486 Uehlfeld, Ü, B; www.brauerei-gasthof-zwanzger.de

125. Brauerei Büttner, Tel. 09502/342, **Untergreuth** 8, 96158 Frensdorf-Untergreuth, RT Montag-Donnerstag, B; www.brauerei-buettner.de

126. Brauerei Martin, Tel.09573/4382, Viehtriebsweg 3, 96250 Ebensfeld, RT Mi, B, Ü; www.bier.by

127. Brauerei-Gasthof Georg Meister, Tel. 09194/9126, **Unterzaunsbach** 8, 91362 Pretzfeld, nur ein Kühlschrank; www.meisterbräu.de

128. Brauerei-Gasthof Mainlust Bayer, Tel. 09503/7444, Hauptstr. 9, 96191 Viereth-Trunstadt, RT Freitag, Ü, B; www.mainlust.com

129. Brauerei Trunk Alte Klosterbrauerei, Tel. 09571/3488, **Vierzehnheiligen** 3, 96231 Bad Staffelstein, kein RT, B; www.brauerei-trunk.de

130. Brauerei Heckel, Tel. 09202/493, Vorstadt 3, 91344 Waischenfeld, kein RT, manchmal offen, sonst ab 16.30

131. Brauerei Hübner, Tel. 09504/207, Hauptstr.28, 96196 Wattendorf, RT Mittwoch, sonst ab 11.00, B; http://brauerei-huebner.de

132. Brauerei Gaststätte Dremel, Tel. 09504/271, Hauptstr.21, 96196 Wattendorf, RT Montag + Dienstag, B, sonst ab 16.00

133. Brauerei Gasthof Pfister, Tel. 09545/94260, Eggerbachstraße 22, 91330 Eggolsheim-**Weigelshofen**, RT Dienstag, Mittwoch ab 17.00, Ü, B, K; www.pfister-weigelshofen.de

134. <Brauerei Bräutigam, Tel. 09522/1628, Dorfstraße 12, 97483 Eltmann-**Weisbrunn**, RT Dienstag + Mittwoch, B>; www.nordbayern.de/essen-trinken/gastro-guide/gasthaus-brautigam-1.3480557

135. Brauerei Gasthof Kundmüller, Tel. 095903/4338, **Weiher** 13, 96191 Viereth-Trunstadt, RT Mittwoch, Ü, B; www.brauerei-kundmueller.de

136. Brauerei Schneider, Zur Kanne, Tel.09141/3844, Bachgasse 15, 91781 Weißenburg; RT Mo, Di; B; www.schneider-bier.de

137. Klosterbrauerei Weissenohe, Tel. 09192/6357, Klosterstraße 20, 91367 Weissenohe, RT Montag-Mittwoch, Ü, B; www.das-wirtshaus-klosterbrauerei-weissenohe.de

138. <Brauerei Obendorfer,Tel. 09575/207, Festungweg 2, 96260 Weismain, kein RT, B >; http://www.wirtshausobendorfer.de

139. Weismainer-Püls-Bräu, Gasth. Metz.zur Krone, Tel.09575/92220, Am Markt 13, 96260 Weismain, RT Sa, B, Ü; www.weismainer.de; www.zur-krone-weismain.de

140. Klosterbrauerei **Weltenburg**, Te.09441/67570, Asamstr.32, 93309 Kelheim; kein RT, B, Ü; www.weltenburger.de

141. Wernecker Bierbrauerei, Tel.09722/91080, Schönbornstr.2, 97440 Werneck; kein RT, B, Ü; www.wernecker-bier.de

142. Brauerei Gasthof Hellmuth, Tel. 09573/4395, **Wiesen** 14, 96231 Bad Staffelstein, RT Montag, (Ü, FW), B; www.gasthaus-hellmuth.de

143. Brauerei Gaststätte Thomann, Tel. 09573/5296, Altmainstr. 5, 96231 Bad Staffelstein-**Wiesen**, RT Fr (Sa/So), Ü, B; http://www.gasthaus-thomann.de

144. Brauerei Fischer, Tel.09822/7411, Hauptstr.18, 91632 Wieseth, RT So, unter der Woche nur bis 13.00; www.fischer-landbraeu.de

145. Brauerei Gasthof Hartmann, Tel. 09542/920300, Fränkische-Schweiz-Straße 26, 96110 Würgau, RT Dienstag, Ü, B; www.brauerei-hartmann.de

146. Würzburger Hofbräukeller, Tel.0931/42970, Höchbergerstr.28, 97082 Würzburg, kein RT, B; www.wuerzburger-hofbraeu.de

147. Brauhaus Würzburg – Goldene Gans, Tel.0931/43159, Burkaderstr.2-4, 97082 Würzburg, RT Di, So, B; ansonsten Gasthaus erst vab 19.00; www.brauhausbar.de

148. Brauerei Göller Zur Alten Freyung, Tel.09524/9554, Speiersgasse 21, 97475 Zeil am Main; RT Di, B; www.brauerei-goeller.de

149. Brauerei Friedel, Tel. 09502/209, Höchstädter Straße 1, 91315 Zehntbechhofen, RT Dienstag, B; www.nordbayern.de/essen-trinken/gastro-guide/brauerei-friedel-1.3494147

150. Seelmann Bräu, Tel.0954/595990, Zettmannsdorfer Hauptstr.18, 96185 Schönbrunn-**Zettmannsdorf**; geöffnet nur auf Anfrage, B, Ü; www.brauerei-seelmann.de

II. Einige Links

Brauereien in Deutschland, Überblick nach Bundesländern:
  http://www.deutschlands-brauereien.de/brauereien.php
  http://www.bier-universum.de
  http://www.brauer-bund.de

Brauereikultureller Wanderverein:
  http://www.bwf-net.de/bwf/index2.htm

Der „schönste Biergarten" der Fränkischen…Maihof in Köttweinsdorf:
  http://www.mai-hof.de

e-bike Touren in der Fränkischen Schweiz:
  info@fraenkische-schweiz.com

Elke`s Bierstadl im Kettensteig: www.elkes-bierstadl.de/

Gasthof Müller in Reundorf bei Lichtenfels: http://www.gasthofmueller.de

Hotel Heiligenstadter Hof, www.hotel-heiligenstadter-hof.de

Gasthof und Hotel Krieger: www.gasthof-krieger.de

Landgasthof Hotel zum Stern, Markt Erlbach, OT Linden, www.Karpfenbuffet.de

Movelo-Region Fränkische Schweiz, E-bike leihen und laden: www.movelo.com

Rosenkeller Linden – Linden 51, 91466 Gerhardshofen: www.nordbayern.de/essen-trinken/gastro-guide/rosenkeller-1453-1.58533

Schrepfersmühle, Fränkische Schweiz: http://www.schrepfersmuehle.de

III.   Verwendete und/oder zur weiteren Lektüre empfohlene Literatur

Achenbach, W./Steimle, V.: Radwanderführer für Bierliebhaber II, Bayern und Deutschland, Norderstedt 2016

Albrecht, G./Prinz v. Bayern, L.: Ohne Bayern kein Bier – ohne Bier kein Bayern, München 2016

Gattinger, K. (Hrsg.): Genuss mit Geschichte, Reisen zu byarischen Denkmälern - Brauhäuser, Bierkeller, Hopfen und Malz, München 2016

Höllhuber, D./Kaul, W.: Bamberger Bier und Aischgründer
Karpfen – Ein Wanderführer für Biertrinker mit 23 Touren zwischen Regnitz und Steigerwald, Nürnberg 1996

Höllhuber, D./Kaul, W.: Fränkische Schweiz – Ein neuer Wanderführer
für Biertrinker, Nürnberg 2004

Köhler, A.: Rennradtouren durch Franken: Mit dem Rennrad ab
Erlangen durch Steigerwald, die fränkische Schweiz und Mittelfranken, o.O. 2011

Lechner, G.: Lechner's Liste, Traditionelle Brauereien in
Deutschland, Steinfurt, 2008.

Mack, S.: Die neue Fränkische Brauereikarte, 8. Aufl.,
Heroldsberg 1997

Private Braugasthöfe &Hotels, Broschüre 2019; www.braugasthoefe.de

Raupach, M./Böttner, B.: Bier aus Bayern, Bavarian Beer Guide, Bamberg/Kulmbach 2015

Raupach, M./Böttner, B.: Frankens Brauereien und Brauereigaststätten, Bamberg/Kulmbach 2010; (2. Aufl.2013)

Raupach, M./Böttner, B.: Frankens schönste Bierkeller und Biergärten, Bamberg 2008 (**mit GPS-Koordinaten**), teilweise veraltet

Schwenzer, L.: Rad fahren rund um Bamberg, Verlag Fränkischer Tag 2008

IV. Karten

ADFC- Regionalkarte, Altmühltal, Ingolstadt

Fritsch, Wanderkarte 50, Oberes Maintal, Coburger Land

Kompass, Fahrradkarte 3073, Würzburg, Maindreieck, o.O., o.J., **www.kompass.at**

**Kompass, Fahrradkarte 3082, Bamberg, Haßberge, Steiger
wald,**

Kompass, Fahrradkarte 3096, Fränkische Schweiz, Kulmbach, Bayreuth,

Kompass,Fahrradkarte 3098, Würzburg, Frankenhöhe, Rothenburg o.d.T.

Kompass, Fahrradkarte 3099, Hersbruck, Amberg, Neumarkt i.d. Oberpfalz, Weiden

Kompass, Fahrradkarte 3100, Nürnberg und Umgebung

Kompass, Fahrradkarte 3104, Regensburg und Umgebung

Kompass, Wander- und Radkarte 165, Nördliche Fränkische Schweiz

Kompass, Wander- und Radkarte 167, Nördlicher Steigerwald, Bamberg

Kompass, Wander- und Radkarte 171, Fränkische Schweiz

Landesamt für Vermessung und Geoinformation, UK50-9,
Naturpark Steigerwald, südlicher Teil

Landesamt für Vermessung und Geoinformation, UK50-24,
Naturpark Altmühltal, mittlerer Teil

Openstreetmap – Deutschland: Die freie Wiki-Weltkarte:
www.openstreetmap.de